끝까지
인도하시는
하나님

끝까지 인도하시는 하나님

© 생명의말씀사 2021

2021년 1월 22일 1판 1쇄 발행
2023년 6월 20일 2쇄 발행

펴낸이 ┃ 김창영
펴낸곳 ┃ 생명의말씀사

등록 ┃ 1962. 1. 10. No.300-1962-1
주소 ┃ 서울시 종로구 경희궁1길 6 (03176)
전화 ┃ 02)738-6555(본사)·02)3159-7979(영업)
팩스 ┃ 02)739-3824(본사)·080-022-8585(영업)

지은이 ┃ 박순용

기획편집 ┃ 서정희, 장주연
디자인 ┃ 김혜진
인쇄 ┃ 영진문원
제본 ┃ 보경문화사

ISBN 978-89-04-16743-2 (03230)

저작권자의 허락없이 이 책의 일부 또는 전체를
무단 복제, 전재, 발췌하면 저작권법에 의해 처벌을 받습니다.

추천사

이 책은 이 시대 모든 성도와 한국 교회가 다시 발견해야 할
영적인 지혜를 매 페이지마다 감동적으로 선물해 준다

오늘날 코로나19 바이러스의 확산으로 인해 전 세계가 오랜 고난의 시기를 통과하고 있다. 이런 암울한 시대 모든 성도와 교회가 잊지 말고 새겨야 할 말씀이 있다면 홍해 앞에서 모세가 이스라엘 백성에게 외친 "여호와께서 오늘 너희를 위하여 행하시는 구원을 보라"(출 14:13)일 것이다.

오랜 시간 성경 말씀에 충실한 설교와 개혁신학에 입각한 건전한 목회를 통해 한국 교회를 섬겨 온 저자가 출간한 이번 책에는 그동안 강단과 저술을 통해 한국 교회와 사회를 향해 전해 온 말씀들이 오늘날 상황에 맞게 6편의 메시지로 정리되어 담겨 있다.

저자가 프롤로그에서 밝히고 있듯이, 하나님의 인도하심을 구하는 바른 자세는 필요한 답을 내놓고 하나님이 그중 하나를 골라 달라고 조

르거나, 또 다른 기상천외한 해결책을 기대하는 것이 아니다. 이 책은 '하나님의 인도하심'을 구할 때 우리의 초점은 '인도하심'보다 '하나님'에게 맞추어져 있어야 함을 강조한다. 이와 같은 초점은 하나님의 주권과 영광을 강조해 온 역사적 개혁신학의 가장 중요한 핵심이었다. 하나님의 주권 사상은 메마른 사변적 교리가 아니다. 하나님의 주권과 하나님의 변함없는 뜻은 끝이 보이지 않는 고통 속에서 성도들이 붙잡을 수 있는 유일한 인내와 소망의 근원이다.

이 책은 이 시대 모든 성도와 한국 교회가 다시 발견해야 할 영적인 지혜를 매 페이지마다 감동적으로 선물해 준다. 이 시대 모든 사람이 겪고 있는 고통과 슬픔을 이길 수 있는 참다운 영적 비결을 다시 한 번 밝혀 줄 것을 믿어 의심하지 않는다.

김요섭 _ 총신대학교 신학대학원 교수

하나님의 인도하심을 찾고 있는
신실한 그리스도인들을 위한 귀한 안내서

이 책은 "하나님의 인도하심"이라는 주제를 다루며, 하나님이 우리를 어떻게 인도하시며, 또한 하나님의 인도하심을 받기 위해 우리에게 필요한 것이 무엇인지를 잘 설명하고 있다. 자신을 향한 하나님의 뜻이나 계획보다도 인도하시는 하나님이 더욱 중요하며, 하나님은 예수님의 피로 세우신 언약 때문에 우리를 돌보시고 끝까지 인도하신다. 하나님은 우리를 영원한 생명으로 인도하신다. 하나님은 선하시며 우리에게 해를 주시는 분이 아니다. 우리에게 필요한 것은 하나님의 계시된 말씀을 기준으로 살아가는 것이며, 이것이 하나님의 인도하심을 따르는 바른길이다.

더욱이 우리는 고난 가운데서도 하나님의 인도하심을 신뢰할 수 있다. 비록 우리가 고난과 고통의 삶 가운데 있다 하더라도 그 모든 일을 주관하시는 하나님이 계시며 그분이 나를 인도하신다는 사실을 신뢰하는 것이 신앙인 것이다. 따라서 우리가 하나님의 주권을 인정할 때 하나님이 우리를 인도하신다는 확신을 가질 수 있다.

이 책은 현대의 개인의 주관적인 느낌이나 감정을 하나님의 인도하심이라고 생각하는 잘못된 형태의 신앙에 대해 경종을 울리며, 기독교 신앙에 있어 '하나님의 인도하심'이 무엇인지를 잘 보여 주고 있다. 오늘날 하나님의 인도하심을 찾고 있는 신실한 그리스도인들에게 귀한 안내서가 될 것이다.

안 석 일 _ 웨스트민스터신학대학원대학교 구약학 교수

어떤 상황에서도 흔들림 없이
하나님과 동행하는 비결

코로나19로 대면 예배를 드리는 것이 한참 눈치 보이는 어려운 상황에서, 저자의 초청을 받고 하늘영광교회 오후 예배에 참여했을 때 깜짝 놀란 적이 있다.(그날은 개편된 사회적 거리 두기 1단계가 시작되어 좌석을 한 칸씩 띄고 예배드리는 것이 가능했다). 오후 예배인데도 많은 젊은 성도가 마스크를 착용하고 예배에 참여해 말씀을 경청하고 있었고, 예배가 끝난 후에는 한 사람도 가지 않고 그룹으로 모여 그룹 성경공부를 계속하고 있었기 때문이다.

그 비밀이 『끝까지 인도하시는 하나님』을 단숨에 통독한 후에 풀렸다. 현장 목회자에게 이렇게 깊이가 있으면서도 개혁주의적인 탄탄한 신학적 관점에서 성도들의 생활 원리를 풀어 주는 통찰이 갖추어져 있었던 것이 그 비밀 가운데 하나였던 것이다.

이 책에서 저자는 하나님의 인도하심은 미래에 일어날 일을 알아내는 것이나, 하나님이 생활 속의 사소한 일에 직접적으로 역사하시는 것이나, 모든 일이 잘되어 가는 순간을 통해서만 체험하는 것이 아니라, 우리를 영원히 지키시겠다는 언약에 대한 믿음 안에서, 부당하게 고난 받는 현실 속에서도 하나님의 주권적인 인도하심과 선하심에 대한 믿음을 잃지 않는 것임을 강조한다. 독자들은 이 책을 통해 성도들이 어떤 상황에서도 흔들림 없이 하나님과 동행하는 비결을 발견할 수 있으리라 확신하면서 이 책을 일독할 것을 적극적으로 추천한다.

이 상 원 _ 총신대학교 신학대학원 교수

문제의 핵심은 '인도의 방법'이나
그것을 알아채는 '영적 예민함'이 아니다

"하나님의 인도하심"이란 주제에는 많은 혼란과 불안의 안개가 짙게 깔려 있다. 우리의 무분별한 욕심과 성급함으로 인해 하나님의 명확한 계시인 성경에 집중하기보다는, 나타나지 않은 모호함과 신비에 관심을 갖기 때문이다. 이 책은 이 고전적인 주제에 대한 오해와 오류들을 간결하게 정리하면서 성경적인 길을 제시한다. 결국 문제의 핵심은 '인도의 방법'이나 그것을 알아채는 '영적 예민함'이 아니라 하나님과 그분의 언약에 대한 신뢰의 여부라는 것이다. 긴 분량의 책은 아니나 내용은 알차고 분명하며 목회적인 교훈으로 가득하다. 일독, 아니 재독, 삼독도 아깝지 않다.

김 윤 기 _ 남부중앙교회 담임목사

기다림의 싸움을 담대히 수행하는 모든 이에게
이 책이 큰 위로가 될 것이다

박순용 목사님의 글을 읽는 것은 언제나 큰 기쁨이다. 잔잔하지만 깊이가 있고 담백하지만 신뢰가 묻어난다. 답을 알 수 없는 인생의 고난과 아픔들 속에서도 참 목자이신 하나님을 굳게 믿고 의지하는 길로 우리를 잘 이끌어준다. 특히 요즘과 같이 앞이 잘 안 보이고 답답한 시기에 하나님의 사랑과 언약의 손길이 최고 중의 최고임을 믿고 기다림의 싸움을 담대히 수행하시는 모든 이들에게 이 책이 큰 위로가 될 것을 믿어 의심치 않는다.

최 승 락 _ 고려신학대학원 신약학 교수

CONTENTS

추천사 4
프롤로그 끝까지 우리를 인도하시는 하나님을 보라　14

01　최고의 복 _ 목자 되신 하나님　20

하나님의 인도하심을 둘러싼 질문과 오해들 / 같은 주제, 다양한 견해들 / 왜곡된 '하나님의 뜻 구하기' / 하나님을 빼고 구하는 하나님의 인도하심 / 언약에 신실하신 목자 / 양과 같은 우리의 목자 / 영원한 생명으로 인도하시는 하나님 / 보라 너희는 두려워 말고

02　혼동 _ 나의 생각인가? 하나님의 뜻인가?　56

하나님의 인도하심에 대한 오해의 배경 / 자신의 주관에 갇힌 신앙 / 누가 중심에 있는가 / 하나님의 인도하심을 구하는 미신적인 방법들 / 하나님의 섭리를 섣불리 해석함 / 하나님의 주권을 인정하는 삶의 태도란 / 표적을 구하는 악함과 음란함을 피하라 / 사탄의 속임을 분별하라 / 하나님이 답이요 전부이시다

03　깊은 뜻 _ 알아낼 것인가? 신뢰할 것인가?　94

우리를 인도하시는 하나님의 크고 놀라운 뜻 / 우리는 하나님의 뜻을 알 수 있는가 / 계시된 뜻과 감추어진 뜻에 대한 바른 태도 / 답답한 상황에서도 / 하나님의 인도하심 안에 있는 현재, 하나님의 뜻 안에 있는 끝 / 양들의 특별한 조건 / '부당한 고난' 중에도 신뢰할 수 있는가 / 말씀을 통해 깨우신다 / 답답한 일상 속에서도 하나님을 보라 / 하나님은 항상 우리를 보신다

04 캄캄한 밤 _ 선하신 하나님을 기다리라   128

우리의 지혜로운 판단보다 크신 하나님의 인도하심 / 우리의 부족함에도 주님이 인도하신다 / 기다리게 하심 / 잠잠히 하나님만 / 기다림의 싸움 / 양의 교만 / 하나님은 지금도 선하시다 / 서두르지 않고 자신의 뜻을 이루시는 하나님 / 눈을 들어 하나님을 바라보라

05 신비 _ 고통 중에도 함께하시는 인도자   156

세상 역사를 주관하시는 우리의 인도자 / 고난과 역경 속에서도 신뢰하는가 / 성도의 '믿음' 안에 있는 비밀 / 우리를 위하시는 하나님의 크심 / 하나님의 주권을 의지하는 자의 복됨 / 모든 일이 하나님의 주권 아래 있음 / 하나님의 인도하심 안에 있는 안전과 평안 / 결론에 이르기까지 신뢰하라

06 끝까지 _ 하나님이 우리 선한 목자   188

양의 필요를 아시고 채우시는 목자 / 영혼을 소생시키심 / 의의 길로 인도하심 / 지팡이로 안위하심 / 내 잔이 넘치나이다 / 은혜로운 추격

주 211

프롤로그

끝까지 우리를 인도하시는 하나님을 보라

하나님의 인도하심 아래 있는 백성을 위해

하나님의 백성은 모두 하나님의 인도하심 아래서 살아갑니다. 물론 우리는 그 사실을 인식하지 못할 때도 있습니다. 어떤 때는 그것을 굳이 생각하지 않을 만큼 자신만만하기도 합니다. 또 어떤 사람은 하나님의 인도하심을 바라면서도, 과연 하나님이 지금도 나를 인도하시는지 의문을 품기도 합니다. 심지어 오늘날 교회 안에는 하나님의 인도하심과 관련된 다양한 오해들이 퍼져 있어 하나님의 인도하심을 구하는 신자들이 그릇된 영향을 받는 일도 적지 않습니다.

이런 이유들로 하나님의 백성 된 자들조차 하나님이 베푸시는 복되고 놀라운 인도하심을 누리지 못하고 영적인 빈곤함과 외로움 속에서 인생길을 가는 일이 많습니다.

가장 안타까운 것은 늘 우리를 향해 있는 신실하신 하나님의 인도하심을 특정한 삶의 조건들 속에서만 필요한 것처럼 여기는 태도입니다. 많은 사람이 인생이 걸려 있다고 할 만한 중요한 결정의 순간이나 삶에 닥친 시련과 절망적인 상황에서야 하나님의 인도하심에 관심을 보입니다. 또 그 관심마저도 거의 '어떻게'의 수준을 벗어나지 못합니다. 어떻게 하나님의 인도하심을 받아 현실의 어려움에서 벗어나 좋은 형편으로 나아갈 수 있을지에 관심이 집중됩니다. 하나님의 인도하심을 자신이 처한 문제들을 해결하고, 중요한 결정의 순간에 선택을 돕는 수단 정도로 여기는 것입니다.

그러나 성경과 지난 교회 역사 속에서 하나님의 백성에게 하나님의 인도하심과 관련된 가장 중요한 사실은 하나님이 우리를 인도하시는 방법을 알아내는 것이 아니었습니다. 하나님이 우리를 인도하시는 방법, 우리가 하나님의 뜻을 알아내는 방법보다 더 중요한 것은 자기 백성 된 우리를 인도하시는 하나님, 그분이십니다. 하나님이 여전히 우리의 목자로 계신다는 사실입니다.

성경은 우리가 이해할 수 없는 상황과 문제를 만날 때 어떻게 하나님의 인도하심을 받을 수 있는지에 대한 지침이나 방법론을 제시하지 않습니다. 그보다 우리를 인도하시는 하나님을 강조합니다. 어떤 형편과 조건에서든 우리가 믿고 의지해야 할 하나님께 초점을 맞추는 것입니다.

상황보다 크신 우리의 목자를 보라

예수님을 믿는 우리는 삶의 현장에서 다양한 문제와 상황들을 만납니다. 때로는 우리가 예상치 못하고 바라지 않았던 비극적인 사건들을 경험하기도 합니다. 그 가운데 우리는 당장의 조건과 눈에 보이는 현실에만 몰두하기 쉽습니다. '왜 이런 일이 생겨났는가?', '어떤 선택을 해야 하는가?', '앞으로 나와 우리 가족의 삶은 어떻게 될 것인가?' 등에 골몰하며 그 현실 속에서 허우적대는 것입니다.

하지만 성경은 그런 우리에게 "그럴 때는 A가 하나님의 뜻이다"라거나 "하나님의 인도하심을 받기 위해서는 B라는 방법을 취하라"라고 하지 않습니다. 그 모든 조건에서 인도하시는 하나님을 보도록, 그분을 신뢰하도록 우리를 이끕니다. 여전히 이 세상의 모든 일을 주관하시고, 자기 백성 된 우리를 아시고, 우리를 향해 선하신 뜻을 두고 이루어 가시는 하나님을 보도록 우리의 눈을 열어 줍니다.

필자는 목회 현장에서 저마다 자신이 처한 현실과 씨름하며 하나님의 인도하심에 관해 의문을 갖고 갈등하는 성도들을 바라보며, 성경이 말하는 바로 그 시선을 갖게 하는 것이 그들을 돕는 일임을 크게 느꼈습니다. 그래서 '무엇이 하나님의 뜻인가?', '우리는 어떻게 하나

님의 인도하심을 받을 수 있는가?'를 말하기보다 다양한 삶의 조건에서 어찌할 바를 알지 못하는 하나님의 백성에게 지금도 우리를 인도하시는 하나님을 볼 수 있도록 하기 위해 애써 왔습니다.

이 책은 그런 마음으로 성경이 우리에게 말하는 바를 녹여 담아낸 메시지입니다. 모쪼록 이 책이 많은 하나님의 백성이 삶의 모든 조건과 문제 속에서도 우리를 인도하시는 하나님을 아는 자로 바로 서게 하는 데 유익이 되기를 바랍니다. 우리에게 드러난 하나님의 뜻에 순종하고, 아직 나타나지 않은 뜻을 인내로 기다리며, 하나님이 마침내 이끄실 복된 결론에 이르기까지 시선을 하나님께 향하게 하는 데 사용될 수 있기를 소망합니다.

특별히 이 책에는 제럴드 싯처(Gerald L. Sittser)의 경험처럼, 뜻하지 않은 어려움을 만난 성도들이 공감할 만한 실제적인 경험을 담은 책들이 인용되었습니다. 예수님을 믿는 우리는 이 땅을 사는 동안 여러 가지 현실을 경험할 수 있습니다. 하지만 그 가운데 아프고 흔들리더라도 하나님의 말씀과 성령의 도우심으로 끝까지 우리를 인도하시는 하나님을 바라보고 의지할 수 있게 되기를 구합니다.

마지막으로, 새로 부임한 교회(영국 버밍엄 한인교회)에서의 바쁜 목회 중에 시간을 내준 황재찬 목사에게 고마움을 표하고 싶습니다.

_박순용 목사

01

최고의 복 _
목자 되신 하나님

The LORD who guides

"여호와는 나의 목자시니 내게 부족함이 없으리로다
그가 나를 푸른 풀밭에 누이시며 쉴 만한 물가로 인도하시는도다
내 영혼을 소생시키시고 자기 이름을 위하여
의의 길로 인도하시는도다"
(시 23:1-3).

끝까지
인도하시는
하나님

하나님의 인도하심을 둘러싼 질문과 오해들

그리스도인은 우리의 인도자이신 하나님을 믿는 믿음으로 이 땅을 살아갑니다. 그런데 그 믿음은 그저 하나님이 인도하신다는 사실을 지식적으로 아는 것만을 말하지 않습니다. 우리에게 필요한 진정한 신앙은 하나님이 친히 우리의 인도자가 되신다는 사실을 깊이 알고 신뢰함으로써 그 인도하심 안에서 안식하는 결론으로까지 나아가는 것입니다.

우리가 처한 상황과 문제에 빠져서 불안해하거나 두려워하거나 심지어 낙심해 신앙적인 의욕을 잃어버리고 하나님을 향해 불신앙하게 된다면, 그것은 자신을 인도하시는 하나님을 무시하거나 오해하기 때문입니다. 비록 신자로서의 겉모습은 가졌을지라도 그 신앙이 여전히 피상적인 상태인 것입니다.

하나님의 말씀은 그러한 신자의 상태를 비추어 그가 가진 신앙의 실체를 드러내 줍니다. 특히 성령 하나님이 말씀을 통해 우리가 입으로 흔하게 말하는 하나님의 인도하심을 얼마나 실제적으로 믿고 있는지를 비추십니다.

스스로 질문해 보십시오. 내 삶 속에서 나를 인도하시는 하나님을 분명히 보고 있습니까? 만약 그렇다면, 내가 보고 있다고 말하는 하나님의 인도하심은 어떤 것입니까? 혹시 그저 내가 원하는 어떤 상황과 문제가 해결되는 정도만을 하나님의 인도하심으로 생각하고 있지는 않습니까? 혹시 나의 바람대로 일이 이루어지지 않는 답답한 상황 가운데서는 하나님의 인도하심이 없다고 느끼지는 않습니까? 우리는 앞으로의 진로와 결혼을 위시한 삶의 다양하고도 중대한 문제들에 대해서 하나님의 인도하심을 어떻게 분별하며 따를 수 있을까요?

사실 우리는 매일매일 삶의 모든 영역에서 하나님의 인도하심을 받습니다. 그러나 교회 안에 있는 신자들 중에도 적지 않은 사람들이 하나님의 인도하심에 의문을 품거나 오해해 왜곡된 태도를 취합니다. 그 이유가 무엇일까요?

이 같은 하나님의 인도하심에 대한 오해와 그릇된 태도에는 분명 우리의 부패한 본성이 영향을 미칠 것입니다. 그러나 더 큰 문제는 잘못된 가르침과 이상한 체험담들이 복음주의 전통 속에 흘러들어와 교회 안에 있는 신자들에게 영향을 미쳐 온 것입니다. 특별히 일부 열심 있는 신자들의 체험담들이 한국 교회의 형성 초기부터 복음을 가르치는 자들과 목회자들에게까지 영향을 미쳐 교회 안에서 공공연하게 강조되어 왔습니다.

이로써 교회 안에 체험주의적인 신앙이 자리 잡게 되었고, 이것은 하나님의 인도하심에 대해 심히 왜곡된 생각을 갖게 만든 주요 원인이 되었습니다. 하나님의 인도하심을 받기 위해서는 앞일에 대해 하나님이 정하신 뜻을 알아내야 한다고 생각해 마치 신탁을 받는 것처럼 행하는 일들이 교회 안에 있는 신자들 사이에 있게 된 것입니다. 물론 직접적으로 신탁을 받는다고 말하는 사람은 없지만 그와 다름없는 행위들이 일어나고 있습니다.

같은 주제, 다양한 견해들

지금까지 "하나님의 인도하심"이라는 주제로 출판된 수십 종의 책들은 대략 4가지 견해로 분류될 수 있습니다.

첫 번째는 소위 개혁주의 전통이 취하는 견해로서, 우리의 삶 가운데 있는 모든 일을 하나님의 주권적인 섭리 가운데서 일어나는 일로 이해하고 보는 것입니다.

두 번째 견해는 소위 전통적인 견해로 간주되는 것으로서, 하나님의 직접적인 지시를 구하거나 일상에서 사사롭게 결정하는 모든 일까지 자신의 삶에 대한 하나님의 계획과 연관시키는 것입니다. 이는 종종 개혁주의적인 견해와 같은 것으로 취급되지만, 사실은 경건주의 배경에서 나온 것입니다. 그리고 이 견해에는 율법주의와 신비주의의 양면적인 특징이 있습니다.

세 번째 견해는 두 번째 견해에 대한 반동에서 나온 것으로서, 소위 새로운 견해라고도 불립니다. 이 견해는 우리를 향한 하나님의 세세한 계획은 없으며 하나님은 매사를 스스로 선택할 수 있는 존재로 우리를 창조하셨다고 말합니다. 그래서 충분하다는 것입니다. 이러한 견해를 가진 사람들은 세세한 것까지 하나님의 뜻을 물을 필요가 없고 그저 하나님이 주신 자유 안에서 선택하며 행하면 된다고 주장합니다. 특히 성경에 기록되어 있지 않은 것은 하나님이 각자에게 주신 자유를 발휘할 영역이라고 여깁니다. 이들은 자신들이 나름대로 복음주의 견해를 따르고 있다고 생각합니다. 심지어 자신을 개혁주의자로 생각하는 사람들 중에도 여기에 동조하는 이들이 있습니다.

마지막 네 번째 견해는 최근에 등장한 것으로서, 앞의 세 견해를 적당히 조화시킨 것입니다.

오늘날 하나님의 인도하심에 대해 이렇게 다양한 신학적인 배경을 가진 견해들이 난립하고 있습니다. 문제는 이로 인해 많은 신자가 하나님의 인도하심을 오해해 혼란스러워질 수 있다는 것입니다. 본래 하나님의 인도하심에 대한 정상적이고 바른 이해는 신자들에게 위로와 기쁨, 현재와 미래에 대한 담대함과 확신을 더해 줍니다. 그것이 성경이 하나님의 인도하심에 대해 계속 우리에게 말해 주는 이유입니다. 신자들은 비록 어렵고 힘든 상황 속에 있어도 하나님이 우리를 인도하신다는 사실로 인해 힘과 위로를 얻습니다.

그러나 우리의 현실 속에서는 하나님의 인도하심을 받는 것을 마치 점술 행위에 의지하는 것처럼 생각하곤 합니다. 그렇다 보니 하나님이 나의 인생에 두신 완벽한 계획표와 뜻을 찾아내야 한다고 부추겨 사람들을 오히려 불안하게 하는 일들이 있습니다. 이런 주장들은 하나님의 인도하심 가운데 있는 복을 누리지 못하게 합니다. 하나님이 각자에게 점지해 주신 무언가가 있는데 그것을 찾지 못하면 마치 큰일이 날 것처럼 가르치는 것입니다. 무슨 점술 행위를 하듯 하나님의 인도하심에 대해 말하는 것입니다.

이런 생각과 태도는 하나님의 인도하심에 대한 오해와 무지에서 비롯합니다. 제임스 패커(James I. Packer)는 하나님의 인도하심에 대한 말씀이 왜곡되고 잘못 가르쳐져서 신자들이 도리어 불안해하는 오늘날의 현상을 두고 다음과 같이 지적합니다.

> 지난 한 세기 반을 지나오면서 하나님의 인도는 많은 기독교인에게 두려움을 느끼게 하는 주제로 부각되었다. 기독교인들은 하나님이 완전한 지혜와 은혜로 우리의 삶을 인도하시고 중요한 결단의 순간에 우리를 도우시며 성령의 가르침에 충실할 수 있는 능력을 주신다고 확신하며 살아왔다.
> 하지만 오늘날 세계 일부 지역에서는……뜨겁고 적극적인 믿음이 율법적인 경건주의로 대체되고 있다. 하나님과의 인격적인 관계보

다 더 중요한 것은 없다는 경건주의 신념은 옳고 선하지만, 하나님과의 관계가 인간의 행위에 달려 있다고 믿는 율법주의는 옳지도 선하지도 않다.

율법주의는 흔히 두 가지 잘못을 저지른다. 첫째, 기독교적인 관점에 근거해 상식적인 결정을 내리기보다 하나님의 직접적인 지시를 구하는 것이 신앙생활의 핵심 가운데 하나라는 통념을 조장한다. 둘째, 기독교인의 삶을 위한 하나님의 계획을 사전에 계획된 여행 일정처럼 취급한다. 즉 계획된 일정 가운데 하나라도 빠뜨리면 여행 전체를 망치고 만다는 식의 논리를 전개한다. 율법주의는 이미 본래의 이상적인 계획이 실행 불가능한 상태가 되었기 때문에, 손실이 불가피하더라도 차선책을 세워 충실히 지켜 나가야 한다고 주장한다.

그 결과 복음주의 신자들 사이에 결정과 선택의 문제를 둘러싸고 두려움과 불안감이 널리 증폭되고 말았다. 오늘날 신자들은 하나님의 특별하고 구체적인 지시가 없으면 인생의 중요한 문제를 결정할 수 없다고 생각한다.

직업, 관계, 소명, 결혼과 같은 문제들에 대해 하나님의 뜻에 어긋나는 결정을 내릴지도 모른다는 두려움은 신자들을 혼돈 속으로 몰아넣었고, 그 결과 올바르고 선한 헌신은 고사하고 헌신 자체를 아예 포기하는 쪽으로 기울게 되었다. 별로 달갑지 않은 현상이다.

그러는 사이, 교회 지도자들은 하나님의 인도를 부지런히 구하지 않고 제멋대로 결정을 내리기 때문에 올바른 선택이 이루어지지 않은 것이라고 하면서 그리스도의 명령에 복종하여 자기를 부인하고 다른 사람을 섬기는 일에 헌신하라고 강조했다.

한때 복음주의자들 사이에는 해외 선교사, 목회자, 목회자 사모, 의사와 간호사, 학교 교장과 같은 직업을 선택해야만 1등 신자가 될 수 있다는 생각이 만연했다. 그 외의 직업은 아무리 합법적이더라도 2등 신자가 하는 일로 간주되었다. 그러한 이유로 젊은 그리스도인들이 여러 면에서 좋은 결과를 가져올 수 있는 직업을 외면한 채, 오로지 이런 직업 가운데 하나를 선택하려고 노력했다. ……

하지만 그런 직업을 선택함으로써 영적으로 우월한 위치를 차지할 수 있다는 생각은 하나님이 수도사나 신부를 일반 신자보다 더 귀하게 보신다는 중세 시대의 미신, 가톨릭교회의 미신과 하등 다를 바가 없다. 이들 네 가지 직업 가운데 하나를 선택하는 데에만 급급한 나머지 본인의 적성이나 소질, 다른 사람들의 의견을 모두 무시한 채, 하나님이 주시는 특별한 표적이나 확신만 있으면 그만이라는 생각 역시 미신이기는 마찬가지이다. 지금도 신자들은 삶을 어떻게 결정해야 할지 걱정하며 불안해한다. 그들은 여전히 두려움에 휩싸여 있다.[1]

이처럼 신자라 하더라도 하나님의 인도하심에 대한 잘못된 견해를 가지면 두려움에 빠집니다. 성경에 나오는 모든 신자의 삶은 하나님의 인도하심에 대한 이야기들입니다. 그럼에도 많은 사람이 성경의 하나님을 믿는다고 하면서도 불안과 두려움을 떨쳐내지 못합니다. 너무 이상한 일이 아닙니까?

그 이유는 많은 사람이 하나님의 인도하심을 말하면서도 그것을 왜곡되게 이해하기 때문입니다. 즉 하나님의 인도하심을 받는 것을 하나님의 직접적인 뜻을 찾아 행하는 것으로 오해하며 그것에만 집중하는 것입니다. 우리는 이런 모습을 교회 안에서 흔하게 보고 경험합니다. "나를 향한 하나님의 뜻이 무엇인지 모르겠어요" 하며 답답해하는 것입니다. 가령 결혼 상대를 결정할 때나 직업을 선택하는 문제 앞에서 자신을 향한 하나님의 뜻이 무엇인지 구할 때 은근히 하나님의 직접적인 지시나 뜻을 알고 싶어 하는 것입니다.

왜곡된 '하나님의 뜻 구하기'

물론 신자로서 하나님의 뜻을 구하는 것 자체는 전혀 문제가 되지 않습니다. 아니, 그것은 우리 모두가 가져야 할 태도입니다. 바울은 로마서에서 "너희는 이 세대를 본받지 말고 오직 마음을 새롭게 함으로 변화를 받아 하나님의 선하시고 기뻐하시고 온전하신 뜻이 무엇인지 분별하도록 하라"(롬 12:2)라고 했고, 에베소서에서도 "주를 기쁘시게 할 것이 무엇인가 시험하여 보라"(엡 5:10)라고 말했습니다.

문제는 하나님의 인도하심과 관련해 잘못된 방식으로 하나님의 뜻을 찾고 구하는 것입니다. 제럴드 싯처는 자신의 경험을 바탕으로 하나님의 뜻과 인도하심을 구하는 어려움을 가진 우리에게 크게 공감이 가고 도움이 될 만한 글을 남겼습니다.

그는 자신의 처절한 경험 가운데 하나님의 뜻을 매우 깊이 고민했습니다. 그래서 성경을 연구하고 이와 관련된 여러 책을 읽으면서 나름대로 고민한 바를 써 내려갔습니다. 그의 주장은 설득력이 있고 명쾌해 공감할 수 있는 내용이 많습니다. 특히 그는 자신이 하나님의 뜻을 잘못 추구했던 과거의 모습을 열거하는데, 그런 모습은 우리에게도 있을 수 있는 내용입니다. 그래서 조금 길지만 다음에 인용한 제럴드 싯처의 이야기를 주의 깊게 읽어 보십시오.

지난 49년의 내 인생을 돌아보면 하나의 유형이 보인다. 수많은 중간 지점에서 나는 내가 취해야 할 길을 안다고 생각했으나 결국은 뭔가 그와 다른 일을 하게 되었다. 이 다른 뭔가가 결국 하나님의 뜻이 되었다. 스무 살 때 나는 의사가 되는 것이 하나님의 뜻이라고 믿었으나 목사가 되었다. 서른 살 때 나는 목회의 길에 그대로 남으려고 했으나 지금은 대학 교수가 되었다. 마흔 살 때 나는 왕성한 작가가 될 생각이 없었으나 지금 다섯 번째 책인 이 책을 마무리하고 있다. 걸음걸음마다 나는 내 인생을 향한 하나님의 뜻을 안다고 생각했다. 다 아는 줄로만 알았다.

그러나 내 삶은 내 계획대로 풀리지 않았다. 몇 년 전 이런 생각이 들었다. 내가 내 인생을 향한 하나님의 뜻을 번번이 놓치는 나쁜 습관을 갖고 있거나, 아니면 하나님의 뜻 자체에 그릇된 개념을 갖고 있거나 둘 중 하나일 것이라는 생각이었다.

전자의 경우에는 생각만 해도 겁이 난다. 본궤도를 되찾기에는 내 삶이 너무 멀리까지 왔고 돌이킬 수 없는 결정―결혼하고 자녀를 낳는 것 등―을 너무 많이 내렸기 때문에 다시 시작한다는 것은 헛수고가 될 것이다. 게다가 삶의 보람과 일의 즐거움 등 내 앞에는 하나님의 뜻을 놓쳤다고 보기에는 그 반대의 증거가 너무 많았다. 본의 아니게 궤도를 그렇게 멀리 벗어날 수 있다는 것, 그러면서도 그것을 모를 수 있다는 것은 아무래도 터무니없어 보였다. 그래서 나는 하나님의 뜻의 실체를 오해해 왔다는 결론을 내렸다. ……하나님의 뜻에 접근하는 새로운 길을 탐색하기 시작한 것이다. ……

미래를 예측할 능력이 없다는 사실은 내가 다른 길 탐색에 나서게 된 첫 번째 단서였다. 그러나 단서는 그것만이 아니었다. 두 번째 단서는 상실의 고통에서 왔다. 나는 스물한 살 때 아내 린다와 결혼했다. 제짝을 만났다는 확신이 있었다. 당시 내게는 하나님께 똑같이 기쁨이 될 다른 대상들이 있을 수 있다는 생각은 전혀 없었다. 대부분 부부가 그렇듯 린다와 나는 간혹 다투기도 했다. 그러나 나는 린다가 내 천생연분이라는 생각을 한 번도 의심해 본 적이 없었다. 당연히 린다와 함께 늙어 갈 줄로 알았다. 제짝을 만나 결혼하면 그런 결과는 보장이라도 된다는 듯이 말이다.

우리는 몇 년간 아이가 안 생겨 고생했다. 그러나 린다는 결국 임신했고 6년간 네 명의 아이를 낳았다. 막내 존을 낳았을 때 아내는 갓 마흔 줄에 들어섰다. 친구들은 하나님이 우리에게 2백만 불짜리 가정을 주셨다고 말하곤 했다. 아내도 나도 부러워할 것이 없었다. 우리는 하나님의 뜻을 알고 행하는 큰 복을 누리고 있었다.

그 복은 1991년 가을에 갑자기 막을 내렸다. 아이다호주 시골에 외로이 뻗은 고속도로를 시속 137킬로로 달리던 한 음주 운전자가 중앙선을 뛰어넘어 우리가 탄 미니밴을 들이받은 것이다. 우리는 인근 보호 구역에서 열린 한 인디언 모임에 다녀오던 길이었다. 아내 린다와 네 살 난 딸 다이애나 제인, 그리고 마침 주말에 우리 집에 다니러 오셨던 나의 어머니 그레이스가 현장에서 목숨을 잃었다. 당시 두 살이었던 존은 중상을 입었다. 여덟 살인 캐서린, 일곱 살인 데이비드와 나도 입원할 정도는 아니지만, 부상을 입었다.

이 경험은 나를 영원한 현기증 상태로 몰아넣었다. 균형을 되찾느라

오랫동안 고생했다. 나는 린다와의 결혼이 하나님의 뜻인 줄 알았고 우리 여섯 식구 가정이 하나님의 뜻인 줄 알았고 우리가 함께 누리던 안정적이고 순조로운 삶이 하나님의 뜻인 줄 알았다. 많은 사람의 말처럼 우리는 이상적인 가정이었다.

그런데 하나님은 어떻게 이처럼 비극적인 일이 벌어지게 하실 수 있다는 말인가? 하나님이 갑자기 우리를 향한 당신의 뜻과 생각, 곧 좋은 결혼과 건강한 가정을 바꾸셨다는 생각은 들지 않았다. 그렇다면 일생일대의 상처를 받은 세 자녀의 편부로서의 내 삶이 어떻게 하나님의 뜻이 될 수 있다는 말인가!

사고를 계기로 나는 하나님의 뜻에 대한 나의 통념을 재고하지 않을 수 없었다. 하나님은 나에게 평탄한 삶만을 계획하셨을까? 만일 그렇다면 하나님의 뜻에 대한 내 이해의 이 고난을 어떻게 통합할 수 있을까? 혹 하나님이 내게 뭔가 아주 다른 것을 계획하신 것은 아닐까? 여전히 좋은 것이지만 동시에 힘들고 고통스러운 것을. 만일 그렇다면 나는 하나님의 뜻에 대한 나의 접근이 전적으로 잘못될 수 있다는 가능성에 직면해야 했다.

이 두 번째 단서는 내게 현기증을 몰고 왔다. 그것은 내가 배워야 할 끔찍한 진리였다. 나는 날마다 몇 시간이고 침묵에 잠겼다. 그 사건에서 아무런 의미를 찾을 수 없었고, 어쩌면 찾고 싶은 마음도 없었다. 처음에는 이성적 사고가 불가능했다. 막 수술을 마치고 나온 사람처럼 나는 고통에 눌린 상태였다. 그러나 시간이 흐르면서 내 경험을 반추하며 그 속에 담긴 의미를 생각하려 했다. 성경도 새로운 눈으로 읽기 시작했다. ……

나는 우리가 발견하여 따라야 하는 미래의 길로 언급한 하나님의 뜻에 관한 말이 성경에 거의 없다는 사실을 깨달았다. 대신 성경은 우리에게 미래를 넘겨짚어 염려하지 말 것을 경고하고, 하나님의 주권을 확인해 주며 현재 이미 알고 있는 하나님의 뜻을 행할 것을 명한다. 나는 계속 내 통념을 살피면서 그간 내가 따라온 하나님의 뜻에 관한 전통적 접근을 재고했다. ……

전통적 접근에서 보는 하나님의 뜻이란 우리가 따라야 할 미래의 구체적인 길로 규정된다. 하나님은 그 길을 아시며 우리가 따르도록 정해 놓으셨다. 우리의 책임은 그 길, 곧 우리의 인생을 향한 하나님의 계획을 찾아내는 것이다. 우리는 따를 수 있는 많은 길들 중 정작 따라야 할 한 길을 찾아내야 한다. 하나님이 우리를 위해 계획해 놓으신 그 길을 말이다. 바른 선택을 내리면 그분의 은혜를 얻고 그분이 주시는 사명을 이루어 성공적인 삶을 살게 된다.

자연히 이 모델에 따르면 결정을 내리는 시점이 되면 삶은 갑자기 미로가 된다. 출구는 하나뿐이다. 다른 길은 다 막다른 골목이요, 잘못된 선택이다. 물론 하나님은 옳은 길을 아신다. 처음부터 당신 뜻대로 정하신 길이 아니던가! 우리는 그 뜻을 찾아내야 한다. 따라서 우리의 선택의 결과는 막중하다. 바로 선택하면 그분의 복을 누리며 성공과 행복을 얻는다. 잘못 선택하면 길을 잃고 자신의 인생에 대한 하나님의 뜻을 놓친 채 영원히 풀 수 없는 미로에 갇혀 있게 된다.

그래서 우리는 갈 길을 인도해 달라고 표징을 바라고 조언을 구하고 깨달음을 얻고자 성경을 읽고 자신의 마음을 살핀다. 하나님이 분명한 신호를 보내 주실 것이라는 희망 속에서 기다린다. 하늘에서 분명한 음성이 들려오면 좋겠다고 생각한다. 그러나 마침내 선택을 피할 수 없는 시점이 찾아온다. 여러 직업 훈련 과정에 들어갈 수 있지만 그중 하나를 정해야 한다. 지원했던 여러 대학 중 하나를 선택해야 한다. 일자리 제의를 수락하거나 거부해야 한다. 결혼하거나 관계를 끝내야 한다. 새집을 사거나 그대로 있어야 한다. 요컨대 다른 모든 길을 거부한 채, 유독 한 길을 택해야 하는 것이다.

그러는 동안 우리 마음 한구석에는 끈질기게 의문이 떠나지 않는다. 좀처럼 사라지지 않는 악몽의 기억처럼 우리는 회의감에 시달린다. 내 결정이 잘못된 것이라면? 내 인생을 향한 하나님의 뜻을 놓친다면? 내 선택이 결국 막다른 골목으로 끝난다면? 잘못된 결정의 결과에 갇혀 영원히 그 값을 치르며 살아야 한다면?[2)]

제럴드 싯처가 자신이 과거에 그러했다고 말하듯, 하나님의 뜻을 묻고 인도하심을 구하면서도 위로와 확신을 얻기는커녕 도리어 불안과 두려움에 빠지는 일들이 우리 자신과 주변에 많이 있습니다. 그러나 우리는 과연 이것이 정상적인 신자의 모습인지 질문해 봐야 합니다. 우리는 우리를 인도하시는 하나님에 관해 살피기에 앞서 우리를 인도하시는 그 하나님의 뜻이란 어떤 것인지에 대해 정리해 볼 필요가 있습니다. 우리에게 먼저 필요한 것은 하나님의 뜻에 대한 오해를 해소하는 것입니다. 그 이후에야 우리는 비로소 성경이 증거하는 인도하시는 하나님을 더욱 선명히 볼 수 있을 것입니다.

하나님을 빼고 구하는 하나님의 인도하심

우리가 잘 알고 있듯이, 하나님은 하나님의 뜻대로 우리를 인도하십니다. 하나님의 인도하심이란 우리의 생활과 행동에 대한 거룩한 지시, 또는 뜻을 의미합니다. 그러므로 하나님의 뜻과 그분의 인도하심은 서로 밀접하게 엮여 있습니다.

하지만 많은 사람이 하나님의 인도하심을 받고 싶다고 하고 그분의 뜻을 알고자 마음을 쓰면서도 정작 그 뜻대로 인도하시는 하나님에 대해서는 크게 관심을 두지 않습니다. 이것이 핵심적인 문제입니다.

이 책에서 거듭 강조할 내용은 우리의 시선을 인도하시는 하나님께 두는 것입니다. 이 책을 읽으며 우리가 계속 생각해야 할 것은 우리를 향한 하나님의 구체적인 뜻이나 계획보다 그 뜻대로 인도하시는 하나님입니다. 그 뜻이 무엇이든지 우리가 그것을 신뢰하며 힘과 위로를 얻을 수 있는 것은 하나님 때문입니다.

우리는 다른 무엇 때문이 아니라, 우리를 인도하시는 하나님 때문에 삶 속에서 생기와 위로를 얻을 수 있습니다. 우리가 그 어떤 상황에서도 우리의 현재와 미래에 대한 두려움에 빠지지 않을 수 있는 길은 우리의 인도자이신 하나님을 견고히 보고, 믿고, 붙드는 것입니다. 이 사실을 가장 잘 표현한 말씀 중 하나가 바로 이 장의 본문인 시편 23편입니다.

시편 23편은 우리에게 익숙한 말씀입니다. 많은 사람이 이 말씀을 유창하게 외우기도 합니다. 하지만 오늘날 많은 신자의 실제 신앙과 삶의 모습은 시편 23편이 말하는 실체를 전혀 모르는 듯합니다. 이 말씀이 아름답게 그려 주는 실체에 대한 체험적인 지식이 없다는 의미입니다. 과연 시편 23편이 말하는 하나님의 인도하심에 관해, 그 풍성한 복됨을 얼마나 실제적으로 알고 누리고 있는지 고민해 보아야 합니다.

다윗은 "여호와는 나의 목자시니"(시 23:1)라고 고백합니다. 우리는 여기에서 예수 그리스도를 떠올리게 됩니다. 예수님은 요한복음에서 자신을 목자로 소개하시기 때문입니다(요 10:11). 또한 예수님은 진리의 성령이 오시면 그분이 우리를 모든 진리 가운데로 인도하실 것이라고 말씀하셨습니다(요 16:13). 따라서 우리는 시편 23편을 읽을 때 하나님 아버지와 예수 그리스도, 성령의 인도하심을 모두 생각할 수 있습니다.

다윗은 목자 되신 하나님이 자신을 어떻게 돌보시는지에 대해 이야기합니다. 바로 목자가 양을 사랑하고, 보호하고, 먹이고, 돌보고, 이끄는 것처럼 하나님이 우리를 돌보신다는 것입니다. 특히 요한복음 10장에서 주님은 자신이 선한 목자라고 말씀하시며 양인 우리를 위해 생명까지 내어 준다고 말씀하셨는데, 하나님은 그러한 목자로서 다윗뿐만 아니라 우리 또한 돌보십니다.

언약에 신실하신 목자

그러면 왜 하나님은 다윗을, 그리고 우리를 목자가 양을 돌보듯이 돌보실까요? 우리는 이에 대해 깊이 생각해 봐야 합니다. 막연하게 생각할 문제가 아닙니다. 우리는 이 문제에 여러 가지로 답할 수 있습니다. '사랑하시기 때문에', '우리가 그분의 피조물이기 때문에', '우리를 독생자의 피로 사셨기 때문에' 등을 생각할 수 있을 것입니다.

하지만 우리가 무엇보다 먼저 생각해야 하는 것은 '언약'입니다. 성경은 창세기부터 요한계시록까지 하나님의 언약을 말하고 있습니다. 언약이 아니고서는 하나님이 우리를 끝까지 버리지 않으시는 것을 이해할 수가 없습니다. 하나님은 은혜로 다윗을 택하시고, 또 그와 언약을 맺으셨습니다. 그리고 이 언약에 근거해 다윗의 인생을 끝까지 인도하셨습니다. 이처럼 하나님은 그리스도의 피로 우리와 언약을 맺으시고, 그 언약 때문에 목자가 양을 돌보듯이 우리를 인도해 마침내 영원한 생명으로 이끄십니다.

우리를 인도하시는 하나님을 알기 위해서는 먼저 이 사실을 확고히 알아야 합니다. 이에 대한 이해가 없으면 하나님의 인도하심을 그릇 받아들이기 쉽습니다.

하나님은 우리를 대충 인도하지 않으십니다. 하나님의 인도하심을 생각할 때 우리는 가장 먼저 독생자의 피로 맺으신 언약을 기억해야 합니다. 하나님은 바로 이 언약 때문에 목자가 양을 돌보는 것처럼 우리를 절절하게 돌보십니다. 독생자의 피로 맺으신 언약 때문에 자신의 모든 것, 하나님 자신의 이름과 생명을 걸고 그 언약대로 자기 백성을 "자기 이름을 위하여 의의 길로 인도하시는"(시 23:3) 것입니다.

우리는 하나님이 실제로 자신의 모든 것을 걸고 언약을 지키시는 분이라는 것을 성경의 역사적인 기록들을 통해 보게 됩니다. 성경은 하나님이 절절하게 돌보시고 인도하신 하나님 백성의 역사를 기록하고 있습니다.

아브라함의 인생을 보십시오. 아브라함에게는 수많은 실수가 있었습니다. 사라가 자신의 아내가 아니라 누이라고 거짓말을 했다가 두 번이나 사라를 잃고 후사가 막혀 버릴 위기에 처하기도 했습니다. 그러나 그때마다 하나님은 아브라함을 애굽 땅에서 끌어내셨습니다. 하나님은 이삭, 야곱, 그리고 출애굽한 이스라엘 백성에게도 똑같이 신실하셨습니다. 그들을 끝까지 돌보시고 인도하셨습니다.

그런데 무엇 때문에 그들을 끝까지 돌보시고 인도하신 것입니까? 언약 때문입니다. 그들이 잘났거나 그들에게 무엇인가 다른 점이 있었기 때문이 아닙니다. 오직 하나님이 그들과 맺으신 언약 때문입니다. 하나님은 그들의 불성실함에도 은혜로 맺으신 언약 때문에 목자가 양을 돌보듯이 사랑하시고, 보호하시고, 먹이시며 그들을 이끄셨습니다. 우리는 아브라함과 언약을 맺으시고 그를 인도하시는 하나님에게서 목자의 모습을 봅니다!

아브라함은 하나님이 몇 번이나 약속을 주셨음에도 그 약속을 온전히 신뢰하지 못하고 여러 번 넘어질 뻔했습니다. 그러나 그때마다 하나님은 그에게 약속을 상기시키시며 계속 그를 인도하셨습니다. 시편 23편에 나오는 목자의 모습을 보이신 것입니다.

하나님이 오늘날 우리를 돌보시고 인도하시는 것도 같은 이유 때문입니다. 그리스도의 피로 세우신 언약 때문입니다. 우리의 모습은 때때로 우리 수준에서 보기에도 실망스러울 만큼 불성실하고 불의합니다. 그런데 하나님은 그런 자를 건져 내어 기어이 하나님의 뜻대로 이끌어 가십니다. 우리는 그런 하나님의 신실하신 모습에, 흔한 말로 '하나님이 어떻게 이처럼 불의한 자를 돌아보시는가? 하나님은 거룩하신 분이 아닌가? 하나님은 자존심도 없으신가?' 하는 의문이 들 때도 있습니다. 그만큼 하나님은 그리스도의 피로 맺으신 언약을 신실하게 지키시는 것입니다. 자신의 생명을 걸고 맺으신 언약을 성실히 지키시며 자기 백성을 돌보시는 것입니다.

양과 같은 우리의 목자

하나님이 목자가 양을 돌보듯 우리를 돌보시는 또 다른 이유는 하나님이 그렇게 돌보지 않으시면 우리가 구원의 여정을 갈 수가 없기 때문입니다. 우리는 스스로 살 수도, 앞으로 나아갈 수도 없는 양과 같습니다. 양은 목자가 정성을 쏟으며 돌보지 않으면 살 수 없는 동물입니다. 스스로를 돌볼 능력이 없는 어리석은 짐승입니다.

시편 23편에서 다윗은 하나님이 자신을 푸른 풀밭에 누이신다고 고백하는데, 실제로 양은 쉽게 어딘가에 눕지 않습니다. 두렵거나, 배고픔과 갈증을 느끼고 있거나, 무리 중의 다른 양이 소란을 일으키거나, 파리나 기생충이 자신을 귀찮게 하면 양은 눕지 않습니다. 양을 눕게 하려면 목자가 그 양을 위해 많은 수고를 기울여야 합니다. 목자가 모든 유해 요인을 제거하고, 보호해 주고, 푸른 풀밭과 잔잔한 물가로 데려가 잘 먹여야 양은 눕습니다. 게다가 양은 고집도 매우 셉니다. 중요한 것은 목자가 양에 대한 이 모든 것을 다 알면서도 양을 돌보며 인도한다는 것입니다.

다윗은 하나님과 자신, 곧 하나님과 그 백성의 관계가 바로 이렇다고 말합니다. 그러므로 "여호와는 나의 목자시니"(시 23:1)라는 고백은 곧 우리를 돌보시는 하나님이 양인 우리에게 목자와 같이 절대적이신 분이라는 의미입니다. 다윗은 하나님이 실제로 만물의 창조주이실 뿐만 아니라 온 세상의 주권자로서 모든 것을 주관하시고 섭리하시는 가운데 자신을 돌보시는 분이라고 고백한 것입니다.

다윗 당시 목자들은 울타리도 없이 모든 위험으로부터 양을 돌보아야 했습니다. 그래서 잠시도 양들의 곁을 떠날 수 없었습니다. 목자는 양들의 건강 상태를 항상 점검해야 했고 외부의 공격, 특히 맹수의 위협에 대비해야 했습니다. 또한 양들이 먹을 풀에 독초가 섞여 있지는 않은지 먼저 살펴야 했습니다. 해충 때문에 생긴 가려움증과 각종 피부 발진, 속병 등으로 고통스러워하는 양들을 치료하는 일도 했습니다. 목자는 양들이 풀과 물을 충분히 섭취했는지 항상 살펴야 했고, 그저 목자를 따라가면서 풀을 먹고 자리에 눕는 양들을 위해 다음 이동 장소를 생각해야 했습니다. 양들은 눈앞의 현재 상황만 보지만, 목자는 그다음을 보는 것입니다.

다윗은 "여호와는 나의 목자시니"라고 고백할 때 이 같은 목동 시절의 경험을 떠올렸을 것입니다. 그의 고백에는 스스로를 돌볼 능력도 없이 어리석고 고집 센 양과 같은 자신을 노심초사 돌보시는 하나님에 대한 이해가 담겨 있었던 것입니다.

하나님은 양과 같은 우리를 목자와 같은 정성과 사랑으로 인도하십니다. 목자가 잠시도 쉬지 않고 양들을 돌보며 인도하듯이 하나님도 우리를 위해 그렇게 일하십니다. 다윗은 그 사실을 실제적으로 알았기 때문에 이 시의 마지막에서 "내 평생에 [목자 되신 하나님의] 선하심과 인자하심이 반드시 나를 따르리니"(시 23:6)라고 고백한 것입니다.

이렇게 우리를 인도하시는 하나님이 우리의 힘과 의지이십니다. 하나님은 스스로를 돌볼 능력이 없고 고집이 센 양 같은 우리의 목자이신 것입니다. 물론 우리는 우리 자신을 그럴듯하게 미화하기를 좋아합니다. 자신의 성실한 교회생활을 근거로 "나는 적어도 고집 센 양은 아니다"라고 말하고 싶을지도 모릅니다. 그러나 우리는 정녕 양과 같습니다. 어리석습니다. 하나님이 행하시는 일을 보지 못하고, 오직 내 눈에 보이는 것이 전부라고 생각하면서 그 안에서 행동하고, 또 죄를 지으며 삽니다. 내가 하고 싶은 일이라면 하나님이 원하지 않으시는 일이라도 고집을 부리며 집착하는 것이 우리입니다.

우리는 하나님이 목자와 같이 인도해 주지 않으시면 순례의 길을 갈 수 없습니다. 영광으로 나아갈 수 없습니다. 구원의 완성에 이를 수 없습니다. 우리 하나님은 이러한 우리의 체질을 아시고 우리를 세심히 인도해 주십니다. 다윗은 그 사실을 "여호와는 나의 목자시니"라는 말로 고백한 것입니다.

영원한 생명으로 인도하시는 하나님

우리 하나님이 이러한 목자이신 것을 알고 있습니까? 다윗은 하나님이 자신의 은혜로운 목자이시요 인도자이심을 알았기에 모든 상황 속에서, 삶에 위기가 찾아올 때마다 수시로 하나님의 인도하심을 구했습니다. 하나님의 인도하심을 비유적으로 노래하기도 했지만, 수시로 주님의 인도하심을 직접적으로 구하기도 했습니다.

"주의 의로 나를 인도하시고"(시 5:8).
"주의 진리로 나를 지도하시고 교훈하소서"(시 25:5).
"여호와여 주의 도를 내게 가르치시고"(시 27:11).
"주의 빛과 주의 진리를 보내시어 나를 인도하시고"(시 43:3).
"나보다 높은 바위에 나를 인도하소서"(시 61:2).
"나로 하여금 주의 계명들의 길로 행하게 하소서"(시 119:35).

"나를 영원한 길로 인도하소서"(시 139:24).

"나를 가르쳐 주의 뜻을 행하게 하소서 주의 영은 선하시니 나를 공평한 땅에 인도하소서"(시 143:10).

예수님도 우리가 시험에 들지 않고 주님의 인도하심을 따라가도록 "시험에 들게 하지 마시옵고"(마 6:13)라는 기도를 가르쳐 주셨습니다. 사도 바울 역시 "너희가 만일 성령의 인도하시는 바가 되면"(갈 5:18)이라고 말함으로써 하나님의 인도하심을 구하는 삶이 갖는 중요성을 표현했습니다. 주님이 가르쳐 주신 간구와 사도 바울의 권면은 하나님이 우리의 목자로서 언약에 충실해 우리를 인도하실 것에 대한 확신에서 나온 것입니다.

성경의 이러한 말씀들은 모두 목자이신 하나님의 신실한 인도하심을 전제로 한 것입니다. 이 전제가 확실하지 않으면 하나님의 인도하심을 구한다고 하면서도 마음이 불안할 수밖에 없습니다.

하나님의 인도하심은 우리의 마음이 불안해서 구하는 것이 아닙니다. 오히려 하나님이 우리의 목자로서 언약에 충실하시어 우리를 인도하실 것을 확신하는 가운데 구하는 것입니다. 다윗의 모든 기도는 불안 때문이 아니라 믿음 때문에 구한 것입니다. 하나님이 목자로서 자신을 인도하실 것을 확신했기에 기도한 것입니다. 둘 사이의 차이는 엄청나게 큽니다.

성경에 계시되시고 역사 속에 증거되신 하나님을 참으로 아는 사람은 불안을 기도의 동기로 삼지 않습니다. 오히려 하나님의 인도하심을 확신하는 가운데 기도합니다. 왜냐하면 그는 하나님의 참 백성으로서, 언약 안에서 자기 백성을 친밀하게 인도하시는 하나님을 아는 자이기 때문입니다.

하나님의 인도하심은 그저 우리의 고통을 덜어 주거나 삶의 여러 가지 어려움과 인생의 위기를 해결해 주는 정도가 아닙니다. 하나님은 우리가 하나님과 교제하며 동행하는 길로 인도하십니다. 죄와 사망에서 건짐 받고 의로운 길로 나아가 마침내 영원한 생명에 이르도록 인도하십니다. 선지자 이사야는 각기 제 길을 가는 양 같던 우리를 하나님이 어떻게 인도하셨는지를 다음과 같이 말합니다.

> "우리는 다 양 같아서 그릇 행하여 각기 제 길로 갔거늘 여호와께서는 우리 모두의 죄악을 그에게 담당시키셨도다"(사 53:6).

즉 하나님이 범죄해 각기 제 길로 간 우리가 생명을 얻게 하시려고 하나님 자신의 생명을 내어 주기까지 하셨다고 이야기합니다. 하나님은 그런 분으로서 우리를 그렇게 인도하십니다.

물론 하나님은 우리의 몇십 년 인생 가운데 일어나는 수많은 문제와 어려운 현실 속에서도 우리의 삶에 간섭하시며 우리를 인도하실 것입니다. 하지만 그것은 영원한 생명으로 나아가게 하는 하나님의 인도하심 속에 있는 작은 순간들일 뿐입니다. 설령 내가 아무리 큰 고통을 겪고 있다고 할지라도 그것은 하나님의 영원한 인도하심 속에서는 한순간의 작은 부분에 불과합니다.

그렇다고 하나님이 우리의 고통과 당면한 문제들을 대수롭지 않게 여기시거나 우리를 가볍게 다루시는 것은 아닙니다. 오히려 하나님은 고통의 순간 중에도 우리가 아는 것보다 더 세밀하고 빈틈없이 우리를 인도하십니다.

문제는 우리가 사방이 막힌 것만 같은 현실 속에서 견디기 힘들고 답답할 때 하나님의 인도하심이 없다고 쉽게 단정 지으려 한다는 것입니다. 그러나 우리는 계속 생각해야 합니다! 답답하고 힘든 현실 속에서도 우리의 목자이신 하나님의 인도하심을 말입니다.

하나님의 인도하심은 일회적인 사건 속에만 있는 것이 아닙니다. 우리를 향한 하나님의 인도하심은 예수 그리스도의 피로 맺어진 언약에 따른 것입니다. 그래서 하나님의 인도하심은 그 언약대로 마침내 우리를 영원한 생명으로까지 이끌어 갑니다. 이것이 성경이 말하는 하나님의 인도하심의 가장 중요한 실체입니다. 우리는 이 큰 그림 속에서, 하나님이 일상 가운데 허락하시는 그분의 인도하심을 보고 이해해야 합니다. 때때로 하나님의 인도하심이 눈앞에 잘 보이지 않는 것 같을 때가 있을 수 있습니다. 하지만 그때도 하나님이 우리를 영원한 생명으로 인도하신다는 사실을 기억하십시오.

우리는 종종 당장 눈앞에 놓인 어떤 일이 자신이 원하는 대로 되지 않거나 어떤 어려움이 일정 기간 지속될 때 하나님이 인도하지 않으신다고 생각해 버리곤 합니다. 그러나 그것은 아직 하나님의 인도하심이 무엇인지 모르기 때문에 하는 생각입니다. 하나님의 인도하심은 독생자의 피로 맺으신 언약을 따라 우리를 영원한 생명으로 이끄시는 것입니다. 그러한 하나님의 인도하심 속에 우리의 현재가 있습니다. 이 사실을 이해하지 못하면 눈에 보이는 일들만으로 하나님의 인도하심에 관해 오해하게 되고 쉽게 낙심하게 됩니다. 심지어는 극단적으로 불신에 빠질 수도 있습니다.

한번 자신에게 질문해 보십시오. 단순한 지식 정도가 아니라 목자 되신 하나님을 진실로 믿고 그분을 '나의 하나님'으로 소유한 자로서 현실에 임하고 있습니까? 목자 되신 하나님의 인도하심을 흔들릴 수 없는 사실로 믿으며 인생의 다양한 경험 속에서도 안식을 누리고 있습니까?

하나님의 인도하심은 아무 근거 없이 이루어지는 것이 아닙니다. 하나님은 독생자 예수 그리스도의 피로 맺으신 언약 안에서 우리를 인도하십니다. 하나님의 인도하심은 그리스도의 피로 맺으신 언약과 엮여 있기에 우리는 그 시각에서 현재 자기 삶의 현장과 경험을 보아야 합니다. 우리의 미래 또한 마찬가지입니다. 그리스도의 피로 맺으신 언약에 따라 우리를 신실하게 인도하시는 하나님은 현재 상황 가운데서든, 장래 일들 가운데서든 우리를 외면하지 않으십니다. 그러실 수 없습니다.

보라 너희는 두려워 말고

만약 자신의 현재와 미래의 문제와 상황을 목자 되신 하나님의 인도하심 가운데 있는 것으로 보지 못한다면, 자신이 처한 당장의 현실과 문제들에는 예민하면서도 하나님에 대해서는 둔감하고 소홀하고 있는 것입니다.

성경에도 그런 사례들이 많습니다. 출애굽 당시의 이스라엘 백성을 보십시오. 그들은 자신들의 현실과 고통에는 놀라울 정도로 예민하면서도, 그들을 지금까지 인도해 오신 하나님은 무시하는 경우가 많았습니다. 그들은 자신들 앞에 놓인 홍해와 뒤따라오는 애굽 군대는 보면서도, 자신들을 기적적으로 애굽에서 건져 내어 가나안으로 인도하시는 하나님은 보지 못했습니다. 그 결과가 무엇입니까?

그들은 눈앞에 닥친 상황에 어찌할 바를 모르고, 염려하고, 불안해 했습니다. 감정 조절이 되지 않고, 더 나아가서 하나님을 불신하고 원망하기까지 했습니다. 그들은 모세에게 "애굽에 매장지가 없어서 당신이 우리를 이끌어 내어 이 광야에서 죽게 하느냐……애굽 사람을 섬기는 것이 광야에서 죽는 것보다 낫겠노라"(출 14:11-12)라고까지 말했습니다. 그들은 눈앞의 답답한 현실만을 보며, 이전에 10가지 재앙으로 이스라엘 백성을 애굽에서 끌어내신 하나님을 바라보지 못했습니다.

우리도 이스라엘 백성과 같이 눈에 보이는 상황에만 몰두하며 우리를 인도하시는 하나님을 바라보지 못하는 일이 있을 수 있습니다. 그러나 그것은 하나님이 독생자의 피로 맺으신 언약을 잊고 행하는 것입니다. 그 언약대로 우리를 이 땅에서뿐만 아니라 영원까지 인도하시는 하나님을 보지 못하는 것입니다.

그러나 하나님의 신실한 인도하심을 잊어버리면 우리는 갈 길을 잃고 맙니다. 어려운 주변의 상황과 육체적, 정신적 고통 등의 이유로 현실 문제만을 보고 하나님을 바라보지 못하면, 결국에는 염려와 불안, 두려움, 낙심, 불평과 원망 등 온갖 부정적인 생각과 감정에 휩싸이게 됩니다. 극단적으로는 하나님을 아무 쓸모없는 대상으로 여기게 됩니다.

그러므로 우리는 모든 현실 속에서 우리를 인도하시는 하나님을 있는 그대로 바라보아야 합니다. 믿음으로 하나님을 보아야 합니다. 하나님을 바라보지도 않고 현실에만 예민하게 반응하면 흔들리지 않을 사람이 아무도 없습니다.

하나님의 약속과 현실의 차이를 경험하며 살았던 아브라함을 생각해 보십시오. 그가 인도하시는 하나님을 잊고 답답한 현실만 보았다면 약속을 믿고 소망하며 살아갈 수 있었겠습니까? 당시 그는 하나님의 약속을 신뢰하지 못하고 현실만을 바라봤을 때 거짓말로 살길을 찾거나 여종에게서 후사를 얻으려는 어리석음에 빠졌습니다. 아브라함뿐만 아니라 이삭, 야곱, 이스라엘의 여러 왕이 모두 그러했습니다. 하나님을 보지 못할 때 똑같이 흔들렸습니다.

우리를 인도하시는 하나님을 바라보십시오. 우리 삶의 현실이 아무리 답답하고 사방이 막혀 있어도 우리를 인도하시는 하나님은 우리에게서 눈을 떼지 않으십니다. 그리스도의 피로 맺으신 언약을 저버리지 않으십니다. 그저 사방이 막힌 골짜기와 같은 조건에서 우리를 인도하고 계실 뿐입니다.

출애굽 당시 모든 것이 끝나 버린 것 같은 상황에서 하나님이 모세를 통해 주신 말씀이 무엇입니까?

"너희는 두려워하지 말고 가만히 서서 여호와께서 오늘 너희를 위하여 행하시는 구원을 보라 너희가 오늘 본 애굽 사람을 영원히 다시 보지 아니하리라 여호와께서 너희를 위하여 싸우시리니 너희는 가만히 있을지니라"(출 14:13-14).

모세는 두려워하고 원망하는 이스라엘 백성이 그들을 인도하시는 하나님을 보게 한 것입니다. 이것이 바로 우리가 신자로 이 땅을 살아가면서 항상 해야 할 일입니다. 어떤 절박한 상황에서도 우리를 인도하시는 하나님을 보는 것입니다. 우리 하나님의 신실한 인도하심을 볼 때 우리는 고통 중에서도 위로를 얻을 수 있습니다. 막막한 현실 속에서도 담대할 수 있습니다. 이는 그저 없는 것을 상상하며 자기 마음을 다스리라는 심리 치유적인 말이 아닙니다. 살아 계신 하나님, 역사 속에서 자기 백성을 인도하신 하나님, 그분이 실제로 지금도 인도하시는 분임을 보라는 것입니다.

지난 인생 가운데서 인도하시는 하나님을 신뢰하며 그분을 보아 왔습니까? 만일 그렇지 않았다면 하나님 앞에서 불신앙적인 죄를 숱하게 범했을 것입니다. 현실에 대한 불평을 많이 늘어놓았을 것입니다. 자신을 인도하시는 하나님을 쓸모없고 무기력한 존재로 여겼을 것입니다.

하나님은 결코 무기력한 분이 아니십니다. 아브라함의 끝을 보십시오. 그를 인도하신 하나님은 실패하지 않으셨습니다. 하나님은 약속하신 대로 100세 때에 아브라함에게 후사를 주셨습니다. 약속하신 대로 그를 통해 하늘의 별과 같은 큰 민족 이스라엘을 주셨습니다. 야곱의 삶의 끝을 보십시오. 다윗의 삶의 끝을 보십시오. 하나님은 그들 또한 신실하게 인도하셨습니다.

하나님이 성경을 통해 이들의 삶을 우리에게 계시하신 이유는 하나님이 자기 백성을 그와 같이 인도하시는 분인 줄 알고 신뢰하게 하시기 위함입니다. 그러므로 그런 말씀들을 접해 오며 자신도 그 하나님의 인도하심 아래 있으면서도 인도하시는 하나님을 인정하지 않고 그분을 보지 않고 살아왔다면 돌이켜 회개해야 합니다. 인도하시는 우리 하나님을 보아야 합니다.

하나님이 우리를 인도하셔도 보지 못하면 그 은혜를 온전히 누리지 못합니다. 신자임에도 하나님의 인도하심을 누리지 못하는 메마름을 경험하게 되는 것입니다. 그것은 성경에 약속된 언약 백성의 삶이 아닙니다. 하나님의 은혜를 힘입은 사람의 정상적인 삶이 아닙니다. 우리는 그런 모습과 상태에서 돌이켜야 합니다.

우리를 인도하시는 하나님, 목자가 양을 인도하듯이 고집스럽고 배은망덕한 우리의 모든 조건을 다 알고 인도하시는 하나님을 자신의 현실 속에서 보십시오. 모세가 외친 것처럼, 아무리 어려운 상황이라도 요동하지 말고 가만히 서서 우리를 인도하시는 하나님이 어떻게 행하시는지 바라보십시오. 이런 믿음을 가지십시오.

모세가 이스라엘 백성에게 그렇게 말한 이유는 그들이 하나님을 너무 작게 보았기 때문입니다. 그러나 하나님은 곧 자신이 홍해보다, 애굽의 군사들보다 강한 분임을 나타내셨습니다. 홍해를 갈라 이스라엘 백성이 마른 땅으로 걸어가게 하시고, 그들이 두려워하던 대적을 수

장시키셨습니다. 예수님을 믿는 우리는 그 하나님을 따르는 자들입니다. 우리가 앞서지 말아야 합니다. 사실 하나님이 항상 앞장서서 가십니다. 그 하나님을 얕잡아 보지 마십시오. 하나님은 우리의 모든 것을 아시고 인도하시는 전능한 인도자이십니다. 그 무엇보다도 그분이 항상 우리를 인도하십니다.

아브라함의 끝, 야곱의 끝, 다윗의 끝, 예수 그리스도의 십자가 이후의 끝을 기억하십시오. 하나님은 신실하십니다. 우리의 인도자는 우리를 그와 같은 결론으로 인도하십니다. 그러니 눈앞의 현실만 보고 성급하게 어리석은 말을 내뱉어서는 안 됩니다. 눈을 떠서 하나님을 바라보십시오. 그렇지 않으면 눈에 보이는 것에 일희일비하며 스스로를 더욱 괴롭히게 됩니다. 그것은 비극입니다.

하나님을 목자로 둔 우리는 우리 하나님이 만물의 주권자이시면서도 은혜로우시며 노하기를 더디 하시는 하나님이심을 기억해야 합니다. 성경은 우리를 인도하시는 그 하나님을 생생하게 증거합니다. "여호와는 나의 목자시니"(시 23:1)라는 다윗의 고백은 진실입니다. 그 진실을 믿으십시오. 그리고 그 하나님을 모든 조건에서 바라보십시오. 이와 같은 믿음에 부족함이 있거든, 하나님 앞에 고하며 믿음을 구하십시오. 그리하여 다윗의 고백이 나의 고백이 되게 하십시오.

02

혼동 _
나의 생각인가?
하나님의 뜻인가?

The LORD who guides

"기드온이 하나님께 여쭈되 주께서 이미 말씀하심같이
내 손으로 이스라엘을 구원하시려거든
보소서 내가 양털 한 뭉치를 타작 마당에 두리니
만일 이슬이 양털에만 있고 주변 땅은 마르면
주께서 이미 말씀하심같이 내 손으로 이스라엘을 구원하실 줄을
내가 알겠나이다 하였더니 그대로 된지라
이튿날 기드온이 일찍이 일어나서 양털을 가져다가
그 양털에서 이슬을 짜니 물이 그릇에 가득하더라
기드온이 또 하나님께 여쭈되
주여 내게 노하지 마옵소서 내가 이번만 말하리이다
구하옵나니 내게 이번만 양털로 시험하게 하소서
원하건대 양털만 마르고 그 주변 땅에는 다 이슬이 있게 하옵소서
하였더니 그 밤에 하나님이 그대로 행하시니
곧 양털만 마르고 그 주변 땅에는 다 이슬이 있었더라"

(삿 6:36-40; 참고 6:11-18).

끝까지
인도하시는
하나님

앞 장에서 우리는 자신의 양 떼를 혼신의 힘을 다해 보호하고 돌보는 목자와 같으신 하나님에 대해 나누었습니다. 우리 하나님은 그리스도의 피로 세우신 언약 때문에, 그리고 혼자서는 스스로를 지킬 수도 없고 바른길로 갈 수도 없는 양 같은 우리의 미련함과 연약함 때문에 목자와 같이 우리를 인도하시는 인도자이십니다.

이 장에서는 하나님이 우리를 어떻게 인도하시는지, 그리고 하나님의 인도하심을 경험하기 위해 정녕 필요한 것이 무엇인지에 대해 살펴보겠습니다.

하나님의 인도하심에 대한 오해의 배경

인도하시는 하나님에 대한 확고한 믿음이 있다면 '하나님이 우리를 어떻게 인도하시는가?' 하는 것은 큰 문제가 아닙니다. 그러나 과거로부터 지금까지 많은 신자가 하나님이 우리를 인도하시는 방식에 대한 그릇된 지식과 이해로 적지 않은 혼란과 어려움을 겪어 왔습니다. 심지어 신실한 신자조차 현실의 장애물과 고난 앞에 답답해하며 하나님의 인도하심에 대한 무지와 오해를 드러냈고, 지금도 그러합니다.

특히 오늘날 신자 중 사사기의 기드온과 같은 생각을 하는 사람들이 적지 않습니다. 기드온과 비슷한 마음과 방식으로 하나님의 인도하심을 구하는 경향이 교회 안에 자리 잡은 것입니다. 이러한 경향은 과거 경건주의 배경에서 나온 경험적 방법론으로서, 19세기 이후 복음주의 진영에 수용되고 유포되었습니다. 이 방법론의 요지는 신자가 하나님의 인도하심을 겸손히 구하면 강한 내적 충동이나 상상, 또는 음성과 같은 형태로 하나님으로부터 직접 지시를 받을 수 있다는 것입니다. 이런 식의 주장과 가르침들이 오늘날 한국 교회 안에서 대중적인 인기를 얻고 있습니다.

이런 방법론은 무엇보다 신자 개인에 대한 성령의 사역을 크게 강조합니다. 성령이 초자연적인 개입을 통해 하나님의 인도하심을 가르쳐 주신다는 것입니다. 그리고 그것을 가장 확실하고 정확한 하나님의 인도하심으로 간주합니다.

제임스 패커는 오늘날 많은 신자가 하나님이 우리를 인도하시는 방식에 대한 오류에 빠진 배경에 경건주의가 있다고 주장합니다. 그리고 그 배경에서 유행하게 된 두 가지 현상을 주목합니다.

그중에서 하나는 소위 '경건의시간'(Quiet Time)을 통해 하나님의 인도하심을 구하는 것입니다. 또 하나의 현상은 오순절 은사주의 방식으로 하나님의 인도하심을 구하는 것입니다. 패커는 이 두 가지가 하나님의 인도하심에 관한 오늘날의 오해, 그리고 오류와 깊이 관련되어 있다고 이야기합니다.

먼저, 경건의시간은 19세기 말 영국 케임브리지대학의 몇몇 학생들에 의해 시작되었는데, 본래는 분주한 하루 일상에서 얼마 동안의 시간을 떼어 성경 읽기와 기도하는 데 보낸다는 취지였습니다. 이후 경건의시간은 점차 기도, 묵상, 성경 읽기, 자아 성찰, 신앙 고백, 새로운 헌신의 다짐 등이 포함된 형태로 발전하며 대중화했습니다.

문제는 경건의시간을 하나님의 인도하심을 구하는 마술적 수단으로 여기는 오류에 빠지는 일들이 종종 생겨난다는 것입니다. 이런 오류는 경건의시간을 '주님과 보내는 시간'으로 여기는 생각에서 비롯된 것으로 보입니다. 그 시간에 자신이 얻은 깨달음이나 양심의 울림 같은 것에 귀를 기울여, 그것을 하나님의 음성으로 듣는 것입니다. 그것이 하나님이 자신에게 방향을 제시하며 인도하시는 것이라고 믿고 의존하는 것입니다.

그와 함께 주목해 보아야 할 오류는 오늘날 세계 각처에 만연해 있는 오순절, 은사주의 운동 배경에서 나온 것입니다. 오순절 은사주의자들은 직접 하나님의 인도하심을 받을 수 있다고 주장합니다. 마치 사도행전에서 선지자 아가보가 예루살렘으로 향하는 바울에게 있을 일들을 예언한 것처럼(행 21:10-11), 하나님의 지시를 받은 신자가 다른 신자들에게 그 뜻을 전할 수 있다고 믿는 것입니다. 즉 누군가가 하나님의 뜻을 미리 알고 말해 주는 것을, 하나님의 인도하심을 받는 방식으로 주장하는 것입니다.

요즘은 여기에 신사도 개혁운동까지 더해져서 어떤 사람을 향한 하나님의 뜻과 미래에 있을 하나님의 인도하심을 예언하는 일들도 흔하게 일어나고 있습니다. 이런 성향의 기도 그룹 중에는 "지금 하나님이 내게 말씀하셨다"고 하며 예언을 늘어놓는 무리도 있습니다.

자신의 주관에 갇힌 신앙

이들의 공통적인 특징은 내적인 충동과 감동을 매우 중요시한다는 것입니다. 자기 마음 안에 일어나는 어떤 충동을 하나님의 음성이나 계시로 취급하는 것입니다. 어렵고 힘든 상황에서 이런 식으로 하나님의 인도하심을 구하는 신앙의 형태가 최근 20여 년 사이에 한국 교회 안에 급격히 늘어났습니다.

하나님의 인도하심에 대한 이러한 왜곡은 자기 주관에 따른 자기중심적인 신앙생활을 만들어 냅니다. 하나님이 내면의 느낌을 통해 무엇인가를 지시하신다고 단정 짓게 되어, 하나님의 인도하심을 미신적이라고 할 정도로 그릇된 방식으로 추구하는 것입니다. 성경이 말하는 하나님이 아닌 자신의 체험 수준에서 하나님을 안다고 말하면서, 실제로는 하나님의 인도하심을 크게 제한하며 누리지 못하는 것입니다. 결국 자기 주관에 매여 신앙생활을 하는 것입니다.

그러므로 우리가 하나님의 인도하심을 풍성하게 누리기 위해서는 우선적으로 하나님의 인도하심에 대한 오해를 해소하는 것이 필요합니다. 피터 마스터스(Peter Masters)는 경건주의 전통에서 나올 수 있는 하나님의 인도하심에 대한 잘못된 태도에 대해서 다음과 같이 설명합니다.

> 어떤 성도들은 자신의 일상 속에서 일어나는 작은 기적들이 하나님이 베푸신 은혜의 기적이라는 생각에 빠져서 자신을 마치 다른 사람들보다 한 차원 높은 특별한 크리스천으로 생각합니다. 결국 이들은 자신의 삶에 하나님이 일일이 개입하신다고 느낍니다. 이런 특별한(?) 크리스천이 빠지는 다음 단계는 하나님이 자기에게 이 일, 저 일을 하라고 하신다고 느끼게 되고 마침내는 이런 말들을 하게 됩니다. "주님이 오늘 아침 저에게 이것을 말씀하셨어요", 또 "주님이 저에게 말씀하시기를 당신에게 이것을 전하라고 하시더군요."
> 하지만 이런 것들은 하나님의 순전한 인도하심과는 거리가 멀어도 한참 먼 것입니다. 하나님의 인도하심을 받는 것에 있어서 건전하고도 이성적인 판단과 영적인 식별력이 우리에게 요구됩니다. 그리고 이 모든 것은 겸손함으로 성화되어야 합니다. 경건주의적인 사고와 언어 습관은 성도들로 하여금 참된 하나님의 인도하심을 받는 것에

방해를 줄 수 있기 때문에 그 위험에 대해 먼저 간단히 살펴보아야 합니다.

사람들이 경건주의식 사고와 언어 습관에 빠질 때 의외로 아주 사소한 일이나 지극히 개인적인 일에 집중한다는 것은 특이한 사실입니다. 그들이 집중하는 것이 그리 중요한 일도 아닐뿐더러 영적이기보다는 오히려 세상적인 것들입니다. 더욱이 그것들은 대개 힘들고 어려운 일들이 아니라 좋은 일입니다. 그들은 이렇게 말합니다. "하나님이 오늘 아침에 나를 위해 버스를 보내 주셨어요", 또는 "하나님이 내가 시험에 합격할 수 있게 해주셨어요. 사실 저는 시험을 망쳤거든요."

분명 하나님은 비윤리적인 방식으로도 아니하실 터이고, 그 사람이 시험에 통과할 자격이 없는데도 통과하게 하시지는 않을 것입니다. 하나님은 기도하는 학생들이 스스로를 잘 다스려서 열심히 공부하게 하실 것이고 시험의 긴장 같은 것을 극복할 수 있게는 하실 것입니다. 그러나 우리가 절대로 알지 못하는 답들까지도 알아맞힐 수 있는 영감을 주신다고 기대하거나, 시험 감독관이 나에게만 특별히 편애하도록 하나님께 기대하는 것은 우리가 하나님을 불성실한 분으로 만드는 일입니다.

날씨나 또는 밥이 타는 것을 하나님이 막아 주셨다는 등 일상적인 일들에 대한 것에 하나님의 직접적인 개입이 있었다는 말을 하기도 합니다. 저는 언젠가 어느 신실한 자매가 다음과 같이 말하는 것을 들었습니다. "주님은 오늘 아침 너무 놀라운 일을 해주셨어요. 내가 바깥에 나가 있는 동안에 국이 끓어 넘치지 않게 해주셨거든요." 또 다른 누군가가 제게 말하기를 "차가 너무 더러워서 세차를 해야겠다고 생각했는데 마침 하나님이 비를 내려 주셔서 내 차를 깨끗하게 해주셨어요."

하나님은 분명 성도들의 삶 속에 개입하셔서 다스리십니다. 우리가 하는 모든 일 가운데 함께하셔서 우리를 돕고 계십니다. 우리의 힘으로 할 수 없는 일이 닥쳤을 때 우리가 기도하면 그 결과로 감당하기 어려운 일을 극복하는 것을 경험하기도 합니다. 어느 성도가 결정적인 순간에 중요한 책임감을 떠올려야 할 경험이 있지 않았겠습니까? 주님이 그 일을 행하신 것이 분명하다면, 우리는 그분께 감사와 영광을 돌려 드려야 합니다. 그리고 동시에 우리에게 일어나는 모든 크고 작은 일들이 하나님의 다스리심과 뜻 가운데 일어나는 것을 기억해야 합니다.

우리의 삶 가운데 일어나는 모든 일의 직접적인 원인은 자연적이거나 사탄적이거나 아니면 인간적인 것입니다. (이차적 원인이라 알려져 있는) 자연적인 힘과 단계는 하나님의 감찰하심 가운데 우리 삶 속에 영향을 미치게 됩니다. 하나님이 그것들의 궁극적인 지배자이시기 때문입니다. 바울이 "그러나 사탄이 우리를 막았도다"라고 말하는 것처럼 사탄도 간혹 허락을 받아 우리의 일에 영향을 줍니다. 또한 우리 자신이 우리 죄나 어리석음의 직접적인 원인이 되기도 합니다. 우리가 경험하는 수많은 불행 가운데에는 우리의 잘못에서 오는 것도 많습니다. 이것들은 우리의 성화를 위해 하나님이 허락하신 것입니다.

욥기 첫머리에서 볼 수 있는 것처럼, 하나님은 절대 주권자이시기 때문에 그분의 허락과 다스리심이 없이는 그 어떤 일도 우리에게 일어나지 않습니다. 아주 작은 일이나 세상적이면서 좋은 일들만이 하나님의 섭리로 드러나리라고 생각해서는 안 됩니다. 왜 우리는 우리의 삶 속에서 일어나는 행복한 일들이나 우연의 일치와 같은 것에서만 하나님의 뜻이라고 이야기합니까? 눈에 띌 만한 사건이 일어나지 않은 날에 대해서는 그것이 하나님의 뜻이라고 왜 이야기하지 않습니까? 평상시의 일상적인 삶에 대해서는 하나님의 뜻이라고 이야기하지 않습니까? 질병이나 실패의 경우에는 과연 어떻습니까? 분명 하나님은 당신의 자녀에게 일어나는 모든 일을 감독하시는 분이십니다.

경건주의적인 언어와 표현에 대한 몇 가지 영향이 있습니다. 이러한 언어 생활이 우리 성도의 생활관을 어떻게 왜곡시키고 하나님의 인도하심을 구하는 데 있어서 어떤 방해를 하는지 살펴봅시다. 경건주의식 사고와 언어 습관을 가진 사람들은 그들의 영적 생활이 매우 주관적인 경우를 봅니다. 그들은 '축복'이라는 말을 '자기에게 일어나는 어떤 일'로 정의합니다. 그들 스스로가 그들의 세계의 중심이 되어 버립니다. 그들의 영적 생활과 관심은 간혹 일어나는 우연의 일치와 '자그마한' 기적들에 초점이 맞추어져 있기 때문에 그들은 점점 자신의 상상력에 민감해지게 됩니다.

어떤 사람들은 '요요'(YoYo) 신자나 '오르락내리락' 신자가 되어 그들에게 있어 평안과 확신은 전적으로 그들의 삶 속에서 나타나는 하나님의 개입을 체험하느냐 마느냐에 달려 있습니다. 그들은 하나님의 약속과 말씀보다는 자그마한 표적들을 의지합니다. 그들의 믿음은 눈앞에 드러나는 우연의 일치처럼 보이는 것과 조그마한 위안들에 의존하게 됩니다. 우연과 기적이 하나님이 함께하신다는 유일한 증거가 되어 버립니다. 그들이 무엇이 잘못되었는지 깨닫지 못하는 한, 그들의 신앙은 미신이나 마찬가지입니다.

자그마한 '우연의 일치'가 하나님의 개입됨으로 일어날 수 있습니다. 하지만 하나님의 인도하심을 구하는 일에 있어서 그것이 권위를 갖는 결정적 요소가 되어서는 안 됩니다. 그리고 이런 생각들은 우리가 결국 길을 잃게 만들 것입니다. 이런 생각들은 우리가 닥치는 어려움의 실제적 문제를 충분히 고려해 주지 못합니다. 왜냐하면 우리로 하여금 하나님의 인도하심을 구하는 유일한 근거를 우연의 일치와 같은 눈에 띄는 일에서만 찾게 만들기 때문입니다.

하나님은 분명 당신의 백성이 경험하는 모든 일 가운데 항상 함께하십니다. 사람들은 하나님이 자신의 삶에 특별히 개입하셨을 때 좋은 일이 생기거나 위로를 주고 즐거움을 주는 일이라고 생각하는 경향이 있다고 앞서 말씀드렸습니다. 그러나 성경은 하나님의 백성을 위한 하나님의 다스리심은 주로 영적인 목적을 위한 것이라고 말합니다. 하나님이 우리에게 주시고자 하는 것은 이 땅의 위로나 만족이 아니라 오랜 기간의 영적인 훈련입니다. ……

하나님은 선을 이루시기 위해 우리에게 (복과 함께) 평생 동안 유혹, 고난, 시험, 슬픔, 불편함, 질병, 그리고 실패 등을 경험하게 하십니다. 우리 때문에 일어난 것이든 사탄이나 자연적인 환경을 통해 일어나는 것이든 관계없이 말입니다.

수많은 성경 구절이 말해 주는 것과 같이 우리는 이런 고난과 역경들을 경험해야 합니다. 은혜뿐만 아니라 여러 가지 시험들도 함께 허락하시는 하나님은 이러한 인생의 경험을 통해 우리를 연단하시고 훈련하십니다. 간단히 말하면, 하나님은 고난과 역경을 우리의 영적 선함을 위해 사용하신다는 것입니다. 하나님은 시험을 통해 우리의 죄를 책망하실 뿐 아니라 우리를 훈련하심으로써, 앞으로 우리에게 있을 하나님 나라를 위한 일을 준비시키고자 우리의 성품을 연단하시고 우리에게 힘을 주십니다.

이와 마찬가지로 하나님은 우리가 기도하는 가운데 더욱더 하나님을 의지하게 하시고, 이웃이 당하는 어려움에 대해 민감하게 하시며, 우리로 하여금 세상의 것에서 만족을 얻는 것이 아니라 하늘의 것을 생각하게 하십니다.

우리 자신의 죄악 되고 어리석은 행동 때문에 문제가 생기거나 날씨 혹은 버스의 연착과 같은 자연스러운 일들로 인해 어려움을 겪게 될 때 그 어려움에서 해결되었다고 해서 그것이 모두 하나님의 뜻이라고 말할 수 없습니다. 우리가 겪는 불편과 같은 것은 모두가 천국을 향한 우리 '인생 학교'의 수업입니다. 우리는 하나님의 영원하심과 완전하심을 깨닫는 준비를 하고 있습니다. 우리는 천사와 달리 타락으로 인해 나타나는 환경들을 먼저 경험하게 됩니다.

로마서 8장에 "모든 것이 협력하여 선을 이룬다"라는 말씀이 버스가 제시간에 온다거나, 주차를 하려고 했는데 마침 자리가 있었다거나, 혹은 외출하는 순간에 비가 그치고 하늘이 맑아졌다든가 하는 일을 의미한다고 생각해서는 안 됩니다. 오히려 "환난이나 곤고나 박해나 기근이나 적신이나 위험이나 칼"(35절)과 같은 것에서 그리스도에게 가까워지는 것이라고 이해해야 합니다.

하나님의 주권적인 역사로 버스가 제때에 온다거나 주차할 장소가 생긴다거나 하는 일이 하나님의 개입을 통해서 일어날 수 있습니다. 그런 것을 부인하는 것은 아닙니다. 누가와 바울이 기록하고 있는 사건들에서 보는 것처럼, 이러한 하나님의 직접적인 개입은 아주 특별한 필요가 있을 때 우리가 주님을 위해 아주 중요한 일을 하거나 하나님이 우리의 극심한 시험 가운데 특별히 역사하셔야 할 때 일어나는 것입니다.[1]

누가 중심에 있는가

피터 마스터스가 말하는 것과 같은 자기중심적인 신앙은 자신에게 있어 좋은 일들은 하나님으로부터, 나쁜 일들은 마귀로부터 오는 것이라는 단순한 생각과 말로 나타나기도 합니다. 김기동파의 귀신론, 오순절 계통의 번영 신앙 등에서 이런 모습이 쉽게 발견됩니다.

그러나 이것은 사실이 아닙니다. 사탄 역시 때때로 우리에게 위로나 이익, 탐나는 기회를 주어 하나님을 향한 관심을 다른 곳으로 돌리게 만듭니다. 영적 진보를 방해하고, 세속적인 교제나 경력을 추구하게 만들고, 악에 빠뜨리는 것입니다. 반대로 하나님이 우리의 영적 진보와 연단을 위해 힘든 상황들을 허락하기도 하십니다. 따라서 개인에게 찾아오는 사소한 유익들이 곧 하나님의 직접적인 개입의 결과라고 믿는 것은 매우 주관적이고 자기중심적인 생각입니다.

경건주의 성향의 사람들은 모든 일을 무리하게 하나님의 인도하심과 연관시킵니다. 우리 스스로 쉽게 판단해 행하거나 마련할 수 있는 일들에 대해서까지 '주님의 예비하심', '주님의 일하심', '주님의 인도하심'으로 표현하는 것입니다.

오해하지 마십시오. 물론 우리의 아주 큰 일부터 아주 작은 일들까지, 이 땅과 하늘의 모든 일은 하나님의 다스리심 가운데 있습니다. 하지만 자기 일상의 사사로운 일까지 계속 하나님의 특별한 개입으로 해석하는 것은 자신과 관련된 그 일들의 의미를 인위적으로 과장하는 것입니다. 하나님을 말하지만, 결국 모든 상황과 일을 자신을 중심으로 보는 주관주의에 갇히는 것입니다.

안타깝게도 오늘날 교회 안에는 이렇게 경건주의적인 사고와 태도를 가진 신자들이 많이 있습니다. 더욱이 그들은 자신의 신앙 태도가 자기중심적이고 인위적이라고 생각하지 못하고, 오히려 자신이 하나님의 일하심에 대한 예리하고 민첩한 감각을 가지고 있다고 착각합니다. 자신은 하나님을 중심으로 살고 있다고 잘못 생각하는 것입니다. 그러면서도 정작 하나님을 중심에 두고 생각해서 판단하고 행해야 할 문제에 대해서는 그렇게 하지 못합니다. 자기 기준으로 보고 판단합니다.

결국 인도하시는 하나님이 중심에 계신 것이 아니라, 자기 자아와 경험과 생각이 중심에 있는 것입니다. 우리의 경험과 이성과 감각 이상으로, 우리의 과거와 현재와 미래를 알고 섭리하시는 하나님의 인도하심조차 자신의 알량한 주관적 경험과 느낌과 생각에 따라 판단하는 것입니다. 이에 대해 피터 블룸필드(Peter Bloomfield)는 다음과 같이 말합니다.

> 우리 모두는 느낌과 갈망, 기호, 선호, 감정과 육감을 가지고 있다. 성경은 이러한 것들을 인정한다. 하나님은 우리를 정신과 육체를 가진 매우 복잡한 존재로 만드셨다. ……
> '느낌'을 성령의 인도로 생각하지 않기를 강력히 부탁한다. 다른 모든 것처럼 느낌은 성경의 명백한 가르침에 의해서 평가되고 판단되어야 한다. 자신의 감정을 성령의 행위로 돌리는 것은 위험하다. ……느낌은 자기 나름의 기능이 있지만 그것이 하나님의 뜻을 결정해서는 안 된다. 그렇다고 해서 우리가 감정을 무시하거나 억압해야 한다는 것은 아니다. 하지만 감정이 성경적 범위를 벗어나게 해서는 안 된다.
> 신비가들은 감정을 경건 종교적으로 해석한다. 이들은 "그렇게 인도함을 받는 느낌이었다"라고 말한다. 여기에서 우리가 받는 인상은 하나님께서 작은 단서들을 주시면서 그가 가야 하는 길 쪽으로 몰아가시고 암시를 하셨다는 것이다. 신비가들은 자신이 이와 같은 하나님의 단서에 매우 민감한 것처럼 행동한다. 그들은 "주님의 인도에 열려 있다"라고 말한다. 그들은 우리들이 다 놓치고 있는 분명한 영적인 진동을 자기들의 종교적 안테나로 감지하고 있는 것처럼

말한다. 하나님이 자신에게 주시는 영적인 감지, 영적 진동을 느끼고 있는 것처럼 말한다.

그러나 사실 우리는 "나는 그저 이것을 선호했다", 혹은 "나는 이렇게 결정했다"라고 단순하게 말해야 한다. 자신의 느낌을 하나님의 인도로 해석하지 말라. 그냥 정직하게 그것이 자신의 느낌이라고 말하라. 그 감정이 적절한 것인 한 우리가 결정을 내리는 데 도움이 될 것이다.

(자동차를 살 때) 자신이 가장 좋아하는 자동차를 사면 된다. 하지만 그렇게 할 때 자신의 내적인 육감과 느낌을 하나님이 주신 것으로 해석해서는 안 된다. 그러한 감정을 하나님의 인도로 읽는 신비주의적 행동을 해서는 안 된다. 그 감정은 전부 자신의 것이며, 자신이 빨간색 자동차보다 하얀색 자동차를 더 좋아할 자유가 있으며, 실린더 4개짜리 자동차가 내는 요란한 고음보다는 V8 자동차가 내는 가랑가랑한 저음을 더 좋아할 자유가 있다.

그는 설명할 수 없는 이유에서 그냥 저 자동차보다 이 자동차를 더 좋아할 자유를 가지고 있다. 하지만 그가 자신의 감정을 따를 때 그는 정직해야 한다. 그는 그저 "나는 이 자동차가 더 좋다. 이 차가 더 마음에 든다. 이것으로 결정했다"라고 말해야 한다. "하나님께서 나를 인도하시는 느낌이 들었다"는 식의 신비주의적인 발언은 그만두자![2]

하나님의 인도하심을 구하는 미신적인 방법들

우리 주변의 많은 신자는 자신들이 내려야 할 결정과 선택을 하나님이 다 계획하셨다고 믿고, 하나님이 계획하신 바를 찾기 위해 특별한 징조, 암시, 느낌 등에 의존합니다. 성경을 읽거나 말씀을 들을 때도 자기 안에 생기는 강한 인상 같은 것을 추구하며 그것을 중요하게 생각합니다. 특히 자신에게 중요한 선택의 기로에 섰을 때에는 사사 기드온이 행한 소위 '양털 신호' 같은 것을 찾습니다.

기드온은 양털을 마당에 놓고 하나님이 양털만 젖고 주변 땅은 마르게 하시면 이것이 하나님의 인도하심인 줄 믿겠다고 했습니다. 이는 하나님이 자신이 원하는 표징이나 신호를 주시면 그것이 하나님의 뜻인 줄 알고 따르겠다는 태도입니다.

예를 들면, 한 미혼 청년이 결혼할 상대를 찾기 위해 두 명의 대상을 두고 고민하다가 결정을 내려야 할 시점에 이르렀습니다. 그는 "하나님, 두 사람 중 이번 주일에 저에게 먼저 말을 거는 사람을 제게 주신 배필로 알겠습니다"라고 하거나, "하나님, 그 사람이 늦어도 내일 밤 10시까지 제게 전화를 하면 그 사람에게 마음을 열라는 뜻으로 알겠습니다"라는 식의 조건에 따른 신호를 하나님의 인도하심으로 알겠다고 기도했습니다. 놀랍게도 이것은 실제 에피소드입니다. 결혼 상대를 찾을 때만이 아니라 다른 중요한 문제들을 결정할 때도 '이렇게 되면', '이런 신호를 주시면' 하나님의 뜻으로 알겠다는 생각을 갖거나 그렇게 기도하는 이들이 많습니다.

하나님의 뜻을 찾는 더 극단적인 방법 중 하나는 성경을 아무 곳이나 펴서 우연히 발견되는 구절을 하나님의 뜻으로 받아들이는 것입니다. 황당한 행동 같지만, 이것은 18-19세기 경건주의자들 사이에서 유행했던 역사적인 전통을 가진 방법입니다.

경건주의자들은 하나님의 음성을 듣고 나름대로 하나님과 친밀한 관계, 하나님과의 인격적인 관계를 가지려고 애썼습니다. 그리고 자신들의 추구를 어떻게든 성경과 연관시키려고 하여 이러한 방법을 취했습니다. 곧 자신이 어떤 결정을 내려야 할지 확신할 수 없을 때 눈을 감고 손에 잡히는 대로 성경을 펴서 손가락으로 한 곳을 가리킨 후 거기에 적힌 성경 구절이 하나님의 뜻이라고 여긴 것입니다.

경건주의자들이 성경에서 하나님의 뜻을 찾았던 이런 방식을 소위 성경 문구 점치기, 라틴어로 '소르테스 비블리카에'(*Sortes Biblicae*)라고 부릅니다.

존 맥아더(John MacArthur)는 이런 방법론의 극단적인 사례를 소개한 적이 있습니다. 어떤 사람이 중요한 결정에 앞서 하나님의 뜻을 알고자 눈을 감고 성경을 펴서 아무 곳이나 짚었습니다. 그 말씀이 "유다가 은을 성소에 던져 넣고 물러가서 스스로 목매어 죽은지라"(마 27:5)라는 구절이었습니다. 그는 이 말씀이 자신에게 도움이 되지 않고, 하나님의 인도하심도 아니라고 판단해서 다시 똑같은 방식으로 말씀을 찾았습니다. 두 번째로 찾은 구절은 "가서 너도 이와 같이 하라"(눅 10:37)였습니다. 이 말씀은 더욱 하나님의 뜻이 아니라고 여겨 한 번 더 그렇게 했습니다. 세 번째로 그가 찾은 말씀은 "네가 하는 일을 속히 하라"(요 13:27)였다고 합니다.

웃지 못할 이야기입니다만, 성경을 이렇게 사용해 하나님의 뜻을 구하고 그분의 인도하심을 받겠다는 것은 아무리 라틴어를 써서 고상하게 표현해도 점술 행위에 지나지 않습니다. 기독교 신앙은 그런 식으로 점치는 종교가 아닙니다. 기독교는 미신적인 방식으로 신의 인도를 구하는 종교가 아닙니다.

그럼에도 오늘날 교회 안에서 하나님의 인도하심과 관련해 말할 때 표현만 그럴듯할 뿐 내용에서는 이런 경건주의적인 방식들이 통용되는 경우가 많습니다. 나름대로 종교적 언어를 사용해 "하나님이 내게 이러한 비전을 주셨다", "하나님이 내게 이렇게 하라고 말씀하셨다"라고 말하거나, 심지어 "성령이 이렇게 하도록 내게 기름 부어 주셨다"라고까지 말하기도 합니다. 그러나 실상 그런 인도하심을 어떻게 깨달았는지를 물으면, 그저 자신이 경험한 사건이나 상황, 또는 그때 마음에 일어난 동요 등을 하나님께로부터 온 메시지라고 해석한 것일 뿐입니다.

오늘날 자신의 내면에 일어난 강한 인상 등을 가지고 예언이라며 이런저런 말을 내뱉는 것 역시 이러한 이해의 연장선상에 있는 일입니다. 일상적인 삶의 일들, 느낌에 종교적 의미를 덧붙이고 이를 과장해 신성시하는 것입니다. 하나님의 섭리 속에 일어나는 단순한 사건까지도 하나님이 주시는 메시지로 간주합니다. 그리고 그 메시지를 지극히 주관적으로 해석한 뒤 자신의 결정과 행동에 하나님의 뜻이라는 정당성을 부여합니다. 이 얼마나 위험하고 어리석은 판단입니까.

물론 다윗처럼 자신과 관련해 일어나는 사건들을 하나님 앞에서 겸비하게 되는 계기로 삼는 경우는 있을 수 있습니다. 하지만 다윗은 자기 일상의 모든 사건을 자신을 향한 하나님의 계시나 신호로 보았던 것이 아니라, 하나님의 통치 아래서 있는 일임을 의식한 것입니다. 그래서 그 모든 상황 가운데서 자신을 돌아보며 하나님께 지혜와 도우심을 구한 것입니다. 즉 자신에게 벌어진 사건과 상황을 가지고 주관적으로 하나님의 뜻을 판단한 것이 아니라, 오히려 그런 것들을 더욱 하나님을 의지하는 통로와 도구로 삼았던 것입니다. 이것은 완전히 다른 태도입니다.

하나님의 섭리를 섣불리 해석함

다음은 어느 교회에서 생긴 한 사건입니다. 만약 우리가 그중에 있었다면 어떠했을지 한번 생각해 보십시오.

교인들의 숫자가 늘자 어느 교회는 현존하는 건물을 확장할 것인지, 아니면 아예 부수어 버리고 그 대신에 크고 더 나은 건물을 지을 것인지, 아니면 그 자산을 다 팔아 버리고 다른 곳으로 이사를 갈 것인지를 고민하고 있었다. 그런데 갑자기 뜻밖의 사건이 일어났다. 심한 태풍이 오는 바람에 번개가 교회 건물에 내리쳐서 건물이 불에 타고 말았다. 하지만 다행히도 소방관들이 빨리 도착해서 건물의 뼈대는 건질 수 있었다. 참으로 놀라운 일이었다. 지붕과 벽은 다 망가졌지만 건물의 뼈대 자체는 큰 해를 입지 않았다. 그다음에 열린 회의는 참으로 흥미로웠다. 사람들이 이 사건을 하나님이 주신 메시지로 해석하고 있었던 것이다.

한 부류의 사람들은 "뼈대가 해를 입지 않았다는 것은 기적이다. 하나님이 우리에게 여기 남아서 재건축을 하라고 말씀하시는 거다"라고 말했다. 다른 사람들은 거기에 동의하지 않았다. "낡은 건물에 땜질만 하는 것은 의미가 없다. 하나님이 앞장서서 이 건물의 태반을 부서뜨리심으로 우리가 낡은 건물을 가지고 무엇을 해야 할지를 보여 주셨다. 이 단서를 받아들여서 하나님이 시작하신 일을 우리가 끝내야 한다. 다 무너뜨리고 더 나은 건물을 짓자"라고 하였다. 세 번째 부류의 사람들은 "이 사건의 분명한 메시지는 우리의 미래가 이곳에 있지 않다는 것이다. 건물은 없어졌고 그것은 우리가 여기에서 떠나야 한다는 하나님의 메시지이다. 다 팔고 다른 곳으로 이사를 가자"라고 말했다.

그러나 이것으로도 충분치 않다는 듯 네 번째 부류의 사람들은 하늘에서 온 이 이메일을 이렇게 해석했다. "이것은 하나님께서 기뻐하시지 않는다는 경고를 우리에게 주시는 하나님의 심판이다. 우리의 일을 지체시키는 죄가 우리 가운데 있다. 건물 문제에 너무도 집착한 나머지 영적인 문제를 간과했다. 하나님은 우리의 건물을 무너뜨리심으로써 우리가 스스로 점검하기를 원하신다는 것을 보여 주셨다. 건물 문제는 잊어버리고 성경에 대해서 진지하게 생각해야 한다. 학교 강당에 모이거나 시청 강당에서 모임을 가져도 된다."

여기에서 문제가 무엇인지 알겠는가? 이들은 모두 일상적인 사건들에 종교적인 의미를 부여함으로써 그것을 신성시하는 실수를 저지르고 있다. 그것을 단순한 사건으로 보는 대신, 그들은 하나님으로부터 오는 단서로 간주하고 있다. 여기에는 아무런 규칙도 없다. 완전히 주관적이며 불명료한 것들로 가득하다. 이것은 순전히 신비주의이다. 이렇게 추측하든 저렇게 추측하든 별 차이가 없다.

그러니 확실하게 이해하기 바란다. 사건은 단서가 아니다. 그것은 단지 사건일 뿐이다. 섭리에는 언제나 신비로운 면이 있다. 그렇기 때문에 지혜가 필요하다. 역사적인 사건들에 영적인 해석을 가하려면 매우 신중해야 할 필요가 있다. 왜 하나님이 홍수를 보내시는지, 가뭄을 보내시는지, 불이 나게 하시는지, 지진이 나게 하시는지 우리는 알지 못하며 알 수도 없다. 성경이 말해 주지 않는 한 그 신비는 여전히 남아 있다.

사건에 대한 모든 견해는 시험적이어야 한다. 노아의 홍수가 왜 일어났는지 우리가 아는 이유는 성경이 우리에게 말해 주기 때문이다. 소돔과 고모라에 불이 난 것을 어떻게 해석해야 하는지 우리가 아는 이유는 성경이 그것을 분명히 말해 주기 때문이다. 이집트에서 일어난 전염병이 모호하지 않은 이유는 성경이 그것을 설명해 주기 때문이다. 그러나 대부분의 경우 우리는 하나님의 비밀을 알 권한이 없다. 이 진실을 외면하면 잘못 판단함으로써 쓸데없이 사람들에게 상처를 주게 된다.[3]

발생한 어떤 사건을 영적으로 해석하려면 매우 신중해야 합니다. 그럼에도 화재를 겪은 교회의 성도들은 곧바로 저마다 그 사건에 종교적 의미를 부여했고, 자신의 해석을 신성화했습니다. 흥미롭게도 그들이 하나님이 주신 것이라고 생각한 메시지는 각기 달랐습니다. 이는 그들의 해석이 각자의 주관에 따른 것임을 보여 줍니다.

물론 하나님의 섭리를 무시하라는 뜻은 아닙니다. 오히려 우리는 하나님의 섭리를 믿음으로 인정하며 모든 일, 모든 상황 가운데 계시는 하나님을 인정하고 의지해야 합니다. 하나님의 섭리에 관해서는 뒤에서 다룰 것입니다. 여기에서 요점은 하나님의 섭리를 주관적으로, 우리를 향한 하나님의 특정한 뜻이나 메시지로 여기고 그것을 임의로 해석하는 것의 섣부름입니다. 이 세상을 향한 하나님의 섭리를 깨닫고 그 가운데 계시는 하나님을 의지하며 신뢰하는 것과 어떤 사건이나 상황에 대한 하나님의 뜻을 임의로 판단하고 단정하는 것은 전혀 다른 태도입니다.

예를 들면, 어떤 사건들은 하나님의 섭리 가운데 심판의 의미를 가진 것일 수 있습니다. 하지만 함부로 단정할 수는 없습니다. 인도 쓰나미, 아이티 지진, 동일본 대지진, 미국 아이오와 홍수 등을 그런 식으로 섣불리 해석해서는 안 됩니다. 다만 우리는 하나님의 섭리 가운데 있는 그러한 사건들을 볼 때 오직 하나님께 속한 선하신 뜻 앞에 잠잠하며, 우리의 목자 되신 하나님을 겸손히 신뢰해야 합니다.

누가복음 13장에서 어떤 사람들이 주님께 나아와 빌라도가 갈릴리 사람들을 죽인 사건에 관해 물었습니다. 예수님께 묻기는 했지만, 아마 그들 나름대로 이 끔찍한 사건이 의미하는 바가 무엇인지에 대해 이렇게, 저렇게 생각하고 있었던 것 같습니다.

하지만 예수님은 "아니다"라고 말씀하셨습니다. 그러고는 "너희도 만일 회개하지 아니하면 다 이와 같이 망하리라"(눅 13:3)라고 말씀하셨습니다. 주변에서 일어나는 사건들을 보며, 관계된 이들의 죄를 판단하기보다 하나님 앞에 겸손히 자신의 죄를 회개해야 한다고 말씀하신 것입니다.

이처럼 우리는 하나님의 섭리 속에서 일어나는 일들을 해석하려 하기보다는 하나님이 그 섭리 가운데서 자신의 뜻을 성취하고 계심을 인정하며 그 앞에서 겸손해야 합니다. 전도서 기자는 이에 대해 다음과 같이 말합니다.

"바람의 길이 어떠함과 아이 밴 자의 태에서 뼈가 어떻게 자라는지를 네가 알지 못함같이 만사를 성취하시는 하나님의 일을 네가 알지 못하느니라 너는 아침에 씨를 뿌리고 저녁에도 손을 놓지 말라 이것이 잘될는지, 저것이 잘될는지, 혹 둘이 다 잘될는지 알지 못함이니라"(전 11:5-6).

일상 속에 일어나는 모든 일을 통해 하나님이 지시하시는 뜻을 찾고 말하려는 사람들은 외면상으로는 하나님과 친밀하게 동행하는 것처럼 보일 수 있습니다. 그러나 그 실상은 전도서 기자의 말대로, '만사를 성취하시는 하나님의 일', 우리가 알지 못하는 그 일에 대해 함부로 말하는 어리석은 모습일 뿐입니다.

하나님의 주권을 인정하는 삶의 태도란

우리가 할 수 있는 일은 아침에 씨를 뿌리고 저녁에도 손을 놓지 않는 것입니다. 주어진 하루하루 해야 할 일을 하면서 사는 것입니다. 하나님의 뜻을 구한다는 명목으로 이것을 넘어 하나님의 섭리를 해석하고 미래를 점치는 것은 신자에게 합당한 일이 아닙니다. 하나님의 영역을 넘보는 일은 하나님이 싫어하시는 일입니다. 그래서 하나님이 이스라엘 백성에게 가나안에 들어가 그곳에서 이방인들의 영향을 받아 꿈꾸면서 미래를 점치는 자들이 나타나거든 그들을 다 죽이라고 명령하신 것입니다(신 13:1-5).

우리는 전도서의 말씀대로, 하나님이 허락하신 오늘 하루 동안 주어진 해야 할 일을 충실하게 감당해야 합니다. 뿌린 씨를 통해 하나님이 무엇을 행하실지 우리는 알 수 없습니다. 하나님은 그 씨로 열매를 맺게 하실 수도 있고, 맺지 못하게 하실 수도 있습니다. 우리는 이것이 잘될는지, 저것이 잘될는지, 아니면 둘 다 잘될는지 알 수 없습니다. 우리는 콩을 심을 뿐입니다. 그 콩이 나고, 나지 않는 것은 하나님께 달린 일입니다.

우리의 삶에 하나님의 영역이 있습니다. 우리가 아무리 열심히 공부하며 준비했더라도 중요한 시험 당일에 몸이 아파 시험을 못 볼 수 있습니다. 인간의 의지와 능력만으로는 결코 장담할 수 없는 일들이 이 세상에는 만연합니다. 우리는 이 점을 인정하고, 다만 하나님이 우리에게 주신 하루라는 시간 동안 우리가 해야 할 일을 해야 합니다. 어떤 일은 잘될 수도, 어떤 일은 잘 안될 수도 있지만 그 결론을 주장하시는 하나님이 선하시며 신실하시고 의로우심을 믿음으로 바라보아야 합니다.

우리가 주목해야 할 분은 하나님이십니다. 우리는 현실에서 경험하는 일들 속에 혹 숨겨져 있을지 모르는 하나님의 뜻을 보물찾기 하듯 찾는 데 몰두합니다. 하지만 우리가 처하는 모든 상황에서 가장 주목해야 할 대상은 하나님이십니다. 모든 일을 자기 뜻대로 행하시며 우리가 그 행사를 다 헤아릴 수 없는 하나님이십니다. 우리는 그 하나님이 우리의 목자이심을 믿고, 어떻게 인도하시든지 그분을 신뢰하는 데 초점을 맞추어야 합니다. 그것이 주관적인 판단을 따라 점치듯이 하나님의 뜻과 계획에 대해 이러저러한 말을 하는 것보다 훨씬 중요한 일입니다.

표적을 구하는 악함과 음란함을 피하라

여기에서 우리가 갖게 되는 한 가지 질문은 "기드온이 양털 뭉치를 가지고 하나님의 뜻을 물었던 것도 문제가 있는가?" 하는 것입니다.

히브리서 저자는 기드온을 비롯한 이스라엘의 믿음의 사람들을 회고하며 "그들은 믿음으로 나라들을 이기기도 하며 의를 행하기도 하며 약속을 받기도 하며 사자들의 입을 막기도 하며 불의 세력을 멸하기도 하며 칼날을 피하기도 하며 연약한 가운데서 강하게 되기도 하며 전쟁에 용감하게 되어 이방 사람들의 진을 물리치기도 하며"(히 11:33-34)라고 말했습니다. 여기에서 기드온은 다른 사사들과 다윗, 사무엘 등과 함께 믿음의 본으로 언급됩니다.

하지만 그렇다고 기드온이 양털 뭉치로 하나님의 뜻을 구한 일까지 우리가 따라야 할 모범으로 볼 수는 없습니다. 오히려 성경 전체의 맥락에 비추어 보았을 때 기드온의 그 행위는 그릇된 것이었습니다. 하나님이 이미 그에게 직접 "내가 반드시 너와 함께하리니 네가 미디안 사람 치기를 한 사람을 치듯 하리라"(삿 6:16)라고 명령하셨습니다. 이 말씀만으로 충분했습니다. 하나님이 이처럼 말씀하셨으니 하나님이 이루실 것이었습니다.

그러나 기드온은 이에 만족하지 못했고, "나와 말씀하신 이가 주 되시는 표징을 내게 보이소서 내가 예물을 가지고 다시 주께로 와서 그것을 주 앞에 드리기까지 이곳을 떠나지 마시기를 원하나이다"(삿 6:17-18) 하며 추가적인 표징을 구했습니다. 하나님은 기드온의 요구대로 그가 돌아올 때까지 기다리셨습니다. 표징을 보이신 것입니다. 하지만 기드온은 다시 양털 뭉치로 하나님을 시험했습니다. 이는 결코 긍정적인 태도가 아닙니다.

　우리는 이어지는 기드온의 모습에서 그의 태도가 바르지 못하다는 사실을 반복적으로 확인하게 됩니다. 처음에 그는 이슬이 양털 뭉치만 젖게 하고 주변 땅은 마르면 족하겠다고 했습니다. 하나님은 너그러이 그 요구를 들어주셨습니다. 그러나 기드온은 자기 말을 뒤집고 또 다른 기적을 요구했습니다. 자신의 입으로 보증한 것을 스스로 어긴 것입니다.

　기드온의 태도는 결코 긍정적으로 볼 수 없습니다. 성경은 우리에게 그런 식으로 하나님을 대하라고 가르치거나 권하지 않습니다. 기드온을 향한 하나님의 뜻은 이미 그분의 말씀을 통해 선명하게 제시되었습니다.

　하나님이 말씀을 통해 분명히 뜻을 밝히셨다는 사실이 가장 중요합니다. 따라서 기드온은 달리 고민할 필요가 없었습니다. 그가 해야 할 일은 그저 하나님이 말씀하신 대로 행하는 것이었습니다. 그것이 기드온에 대한 하나님의 인도하심이었습니다. 하나님이 그에게 말씀하신 대로 인도하실 것이었습니다. 그것으로 충분했습니다.

　물론 그 이상의 표적을 구하는 기드온의 요구까지도 하나님이 자비롭게 받아 주셨지만, 그렇다고 그의 요구를 옳게 여기셨다고 할 수는 없습니다. 기드온은 사사 시대를 살았던 농사꾼이었습니다. 그가 당시의 성경인 모세오경을 개인적으로 접했을 가능성은 희박합니다. 다시 말해, 기드온은 계시에 근거해 하나님을 아는 지식이 거의 없었을 것입니다. 이처럼 하나님에 대한 지식이 짧았기 때문에 하나님은 그의 부족함과 잘못을 인내하시고 자비를 베풀어 주셨습니다. 하나님은 약하고 실수가 많은 기드온의 인생을 긍휼히 여기셨지만, 그의 어리석은 행동을 우리가 하나님의 인도하심을 구하기 위한 모범으로 삼을 수는 없습니다.

오히려 예수님은 "악하고 음란한 세대가 표적을 구한다"고 말씀하셨습니다(마 16:4). 기드온이 살았던 사사 시대가 바로 예수님이 말씀하신 '악하고 음란한' 시대였습니다. 물론 예수님 당시에도 그러했습니다. 중세 시대도 마찬가지였습니다. 지금도 로마 가톨릭교회는 정체불명의 유물들을 모아 놓고 그것을 의지하기에 부지런합니다. 확인 불가능한 전승에 근거한 성모 마리아나 예수님과 관련된 장소나 유물들을 의지하며 그것이 하나님의 도우심과 인도하심을 얻고 구하는 데 큰 효력이라도 있는 것처럼 생각하는 악하고 음란한 세대에 속한 것입니다. 그들은 하나님의 계시인 말씀에 무지하고, 그 말씀을 무시하며, 표적을 구합니다.

문제는 이 시대의 개신교회도 점차 그런 모습을 나타내고 있다는 것입니다. 예수님을 믿노라 하면서도 하나님의 계시의 말씀만으로 만족하지 못하며 표적을 구하는 악함과 음란함이 이 시대 교회들의 특징이 되고 있습니다. 기드온이 양털 뭉치로 하나님을 시험한 것처럼 하나님을 시험하며 하나님의 인도하심을 확인해 보겠다는 불신앙적인 태도를 보이는 것입니다.

한 주석가는 "양털 표적은 게으른 사람이 하나님의 뜻을 분별하는 방식이다. 그런 사람은 노력이나 훈련, 또는 인격의 성장을 추구하지 않는다. 하나님의 인도하심은 그런 태도와는 무관하다"라고 말했습니다. 하나님은 훈련의 과정을 통해 우리의 인격을 성장시키고자 하시는데, 게으른 사람은 이를 참지 못하고 빨리 답을 얻고 싶어 합니다. 그리고 그런 태도는 사실상 하나님의 인도하심에서 멀어지는 태도입니다.

그러므로 우리는 어떤 표적을 구하는 등의 방식으로 하나님의 인도하심을 확인하려는 태도를 크게 경계해야 합니다. 그러한 태도는 겉으로 보기에는 영적으로 매우 예민하고 신앙이 깊은 것 같지만 실제로는 미신적인 태도입니다. 우리는 어떤 표적을 보거나, 내면에서 어떤 음성을 듣거나, 마음에 기이한 충동이 일어나야 믿는 자들이 아닙니다. 도리어 그러한 방식은 사사 시대처럼, 아니 그보다 더욱 악하고 음란한 데로 나아가는 길입니다.

우리는 사사 시대와 달리 하나님의 인도하심에 대한 풍성한 계시의 말씀, 기록된 성경을 가지고 있습니다. 그럼에도 모호하고 미신적인 방법들을 사용하며 표적을 구하고 있습니다. 이것은 정상적인 모습이 아닙니다. 오늘날 교회를 다니며 하나님의 인도하심을 구한다고 하는 사람이 평강을 누리지 못하고, 도리어 미래에 대한 두려움과 불안과 혼란을 경험하는 이유 중 하나는 이처럼 하나님의 말씀이 아닌 표적들을 바라며 하나님의 인도하심을 구하기 때문입니다. 그래서 성경이 말하는 하나님이 어떤 분이신지 알지 못하고 그분을 신뢰하지도 못하는 것입니다.

사탄의 속임을 분별하라

그럼에도 오늘날 교파를 초월한 모든 교단 교회들 안에서 경건주의의 영향을 받아 그릇된 방식으로 하나님의 인도하심을 구하는 모습을 찾아볼 수 있게 되었습니다. 그런 오류가 교회 안에 크게 퍼지게 된 배후에는 분명 사탄의 역사가 있습니다. 바울은 주님이 오실 날이 가까워질수록 사람들을 꾀어 진리 대신 불의한 속임을 좇게 하는 사탄의 활동이 활발할 것이라고 말했습니다.

> "악한 자의 나타남은 사탄의 활동을 따라 모든 능력과 표적과 거짓 기적과 불의의 모든 속임으로 멸망하는 자들에게 있으리니 이는 그들이 진리의 사랑을 받지 아니하여 구원함을 받지 못함이라"(살후 2:9-10).

그리스도의 재림 전에 사탄이 사람들을 미혹하는 도구로 주로 사용하는 것이 '모든 능력과 표적과 거짓 기적'이라는 것입니다. 그런데 교회 안에서 이런 것들을 하나님의 인도하심을 판단하는 척도와 기준으로 삼는 일들이 심해지고 있습니다. 바울이 말한 모습이 오늘날 교회 안에서 나타나고 있는 것입니다.

우리는 매일 드리는 기도 속에서도 빈번하게 하나님의 인도하심을 구합니다. 그만큼 우리에게는 항상 하나님의 인도하심이 필요합니다. 그런데 사탄은 우리를 속여 성경이 말하는 것에서 크게 이탈한 의미와 방식으로 하나님의 인도하심을 추구하게 합니다. 우리 신앙의 가장 예민하고도 중요한 부분을 왜곡시키는 것입니다.

그럼에도 많은 사람이 이런 사탄의 속임수를 알지 못하고 그가 일으킨 거짓 기적들을 하나님이 주신 표적으로 믿으며 살아갑니다. 사탄은 인생의 모든 일과 중요한 문제에서 늘 하나님의 인도하심을 구하는 신자들을 이런 식으로 넘어뜨리는 것입니다.

하나님이 답이요 전부이시다

그러므로 일상 속에서, 그리고 답답하고 막막한 문제와 고난 속에서도 하나님의 인도하심을 구하고자 한다면, 우리를 지금과 영원까지 생명 길로 인도하실 하나님께 초점을 두어야 합니다. 외적으로 순탄한 상황에서든, 고통스러운 형편 가운데서든 이 초점을 상실하면 우리는 올바른 길에서 벗어나게 됩니다.

하나님의 나를 향한 뜻을 파악하는 것이나 당장의 문제 해결보다 지금도 나를 인도하고 계신 하나님을 보는 것이 훨씬 중요합니다. 현재만 아니라 앞으로도 계속 신실하게 인도하실 하나님을 보고 신뢰하십시오. 하나님은 우리가 가진 모든 문제의 답이시고, 우리의 전부이십니다. 정녕 하나님이 우리의 현재와 미래를 주관하시는 주권자라면 우리는 그렇게 고백할 수 있습니다. 당장 눈앞의 현실이 어떠하든 "내게 부족함이 없으리로다!"라고 외칠 수 있는 것입니다.

다윗은 이 사실을 너무도 잘 알고 있었습니다. 그래서 그는 자신의 초점을 하나님께 두었습니다. 인생의 수많은 시련과 고난을 지날 때 다윗은 그 모든 문제를 가지고 하나님께 간구했습니다. 그가 지은 수많은 시편이 그 사실을 보여 줍니다.

우리는 다윗의 태도를 배워야 합니다. 다윗처럼 우리도 '우리를 지금부터 영원까지 인도하시는 하나님이 우리가 부딪히는 모든 문제의 답이 되신다'는 사실을 깨달아야 합니다. 그전까지 우리에게는 하나님의 인도하심이 그저 알 수 없는 수수께끼와 같을 수밖에 없습니다. 하나님의 인도하심이 안개 속에 있는 무엇처럼 여겨지는 것입니다.

그러므로 목자 되신 하나님을 확고하게 바라보십시오. 다윗처럼 목자 되신 하나님을 보는 사람은 시편 23편의 고백처럼 과거, 현재, 미래 등 세 시제 모두에서 안식합니다. '하나님이 과거에 나를 인도하셨구나. 하나님이 현재도 나를 붙들고 계시는구나. 그리고 하나님은 영원토록 본향까지 나를 인도하시는구나!'라는 신뢰 속에서 안식하는 것입니다. 심지어 우리는 사망의 음침한 골짜기를 지날지라도 우리의 목자 되신 하나님으로 인해 안식할 수 있습니다.

예수님을 믿는다는 것은 믿음을 통해 이와 같은 경험을 하는 것입니다. 목자 되신 하나님의 인도하심을 체험하는 것입니다. 이것이 이 땅을 사는 그리스도인의 삶에서 가장 큰 즐거움입니다. 신앙생활은 베팅하듯 하는 것이 아닙니다. 하나님의 인도하심은 도박하듯 구할 일이 아닙니다.

목자와 같이 신실하신 하나님을 보며 그분 때문에, 그분으로 인해 사망의 음침한 골짜기에서도 해를 두려워하지 않을 수 있음을 실제 삶 속에서 경험하는 것이 신자의 고유한 특권이요, 특별한 즐거움입니다. 불신앙 때문에 누리지 못하는 일이 있을 수 있지만, 분명 하나님은 그분의 양들인 우리에게 그 특권과 즐거움을 허락해 주셨습니다. 우리 모두가 사망의 음침한 골짜기에서도 인도하시는 하나님 때문에 두려워하지 않고, 오히려 그분 안에서 평안을 경험하는 상태에 이를 수 있기를 소망합니다.

다윗처럼 목자 되신 하나님을 보는 사람은
시편 23편의 고백처럼
과거, 현재, 미래 등 세 시제 모두에서 안식합니다.
'하나님이 과거에 나를 인도하셨구나.
하나님이 현재도 나를 붙들고 계시는구나.
그리고 하나님은 영원토록 본향까지
나를 인도하시는구나!'라는
신뢰 속에서 안식하는 것입니다.

03

깊은 뜻 _
알아낼 것인가?
신뢰할 것인가?

"감추어진 일은 우리 하나님 여호와께 속하였거니와
나타난 일은 영원히 우리와 우리 자손에게 속하였나니
이는 우리에게 이 율법의 모든 말씀을 행하게 하심이니라"
(신 29:29).

"그러므로 나의 사랑하는 자들아 너희가 나 있을 때뿐 아니라
더욱 지금 나 없을 때에도 항상 복종하여
두렵고 떨림으로 너희 구원을 이루라
너희 안에서 행하시는 이는 하나님이시니
자기의 기쁘신 뜻을 위하여 너희에게 소원을 두고 행하게 하시나니"
(빌 2:12-13).

끝까지
인도하시는
하나님

우리를 인도하시는 하나님의 크고 놀라운 뜻

하나님은 우리를 분명히 인도하시지만, 우리는 하나님을 볼 수 없습니다. 다만 하나님의 인도하심을 알 뿐입니다. 그런데 하나님은 우리를 인도하실 때 우리가 알 수 있는 방식으로 인도하기도 하시지만, 우리가 알 수 없는 방식으로도 인도하십니다. 신명기 29장 29절에서 모세는 '하나님께 속한 감추어진 일'과 '우리에게 속한 나타난 일'이 있다고 말합니다. '감추어진 일'은 하나님이 우리를 인도하시는 가운데 행하신 우리가 알 수 없는 오묘한 일을 말하고, '나타난 일'은 우리가 알 수 있는 영역에 해당합니다.

빌립보서 2장 12-13절도 하나님의 인도하심에 대한 두 가지 측면을 말합니다. 바울은 '하나님이 우리 안에서 행하시는 기쁘신 뜻', 곧 우리에게 감추어진 우리를 향한 하나님의 뜻이 있다고 말합니다. 반면 이와 함께 말하는 "너희 구원을 이루라"라는 권면은 하나님이 우리에게 나타내시어 우리가 복종해야 할 인도하심의 영역과 관련되어 있습니다.

하나님은 우리를 아무렇게나 인도하시는 분이 아닙니다. 하나님은 자신의 뜻을 두고 그 뜻을 따라 우리를 인도하십니다. 그런데 우리는 이처럼 우리를 인도하시는 하나님의 뜻에는 우리가 알 수 없는 '감추어진 뜻'과 계시되어 '드러난 뜻'이 있다는 사실을 기억하고, 그 각각에 대해 잘 이해해야 합니다. 그렇지 않으면 앞 장에서 말한 것과 같이 하나님의 인도하심을 오해해 신앙적으로 빗나갈 수 있습니다.

우리는 하나님의 뜻을 알 수 있는가

여기에서 우리는 먼저 성경이 말하는 '하나님의 뜻'이 무엇인지 짚고 넘어갈 필요가 있습니다. 신약성경에서 보통 '뜻'으로 해석되는 헬라어는 '불레'($βουλή$)와 '델레마'($θέλημα$) 두 단어입니다. 먼저 '불레'는 일반적으로 '하나님의 경륜'을 가리킵니다. 좀 더 구체적으로 말해 이미 결정되어 번복할 수 없는 하나님의 섭리적 계획을 가리킬 때 사용하는 단어입니다.

사도행전 2장 23절을 보면, 베드로가 오순절 설교에서 예수 그리스도의 죽음에 대해 "그가 하나님께서 정하신 뜻과 미리 아신 대로 내준 바 되었거늘"이라고 말하는데, 여기에 '불레'가 사용되었습니다. 곧 그리스도의 죽음은 하나님이 정하신 뜻, 바꿀 수 없는 하나님의 경륜에 따라 있게 된 일이라고 말한 것입니다. 이것은 어떤 인간도 폐하거나 변경할 수 없는 하나님의 변치 않는 뜻과 계획을 말합니다.

한편 '델레마'는 소원하고, 의도하고, 선택하고, 명령하는 등의 개념을 가진 단어입니다. 따라서 문맥에 따라 '동의', '욕구', '의도', '선택', '명령' 등 다양한 의미로 사용될 수 있는데, 크게 3가지로 정리할 수 있습니다.

첫째, '하나님의 법령적인 뜻, 혹은 주권적인 효력을 가진 뜻'이라는 의미입니다. 이러한 하나님의 뜻은 설사 인간을 통해 실현된다고 하더라도, 본래 우리가 알 수 없이 감추어져 있다가 거스를 수 없는 하나님의 주권에 따라 성취됩니다.

둘째, '하나님이 우리에게 교훈적으로 나타내신 뜻'이라는 의미입니다. 첫째 의미로서의 하나님의 뜻은 우리가 거부할 수 없습니다. 하지만 하나님이 교훈적으로 나타내신 그분의 뜻에 대해서는 불순종하거나 거부하는 일이 있을 수 있습니다. 여기에는 성경의 수많은 교훈, 그리고 하나님이 정하신 제도, 계명, 율법 등의 말씀들이 모두 포함됩니다. 이것은 하나님이 자기 백성의 삶을 위해 정하신 의의 기준입니다. 십계명을 위시한 하나님이 교훈하신 율법들, 즉 우상 숭배, 탐욕, 간음, 도둑질을 금하는 말씀들이 다 여기에 해당합니다. 주권적인 뜻과 달리 하나님이 우리에게 교훈하신 뜻에 대해서는 우리의 의지에 따라 반응할 수 있습니다. 다만 그 결과에 대해서는 책임을 갖습니다.

그런데 많은 그리스도인이 우리에게 교훈하신 하나님의 뜻에 대해서 신중하지 못한 태도를 나타냅니다. 그러한 하나님의 뜻을 살펴 알고 그 뜻에 따라 행하는 데 소홀히 하는 것입니다. 신자로서 살아야 하는 삶에 대한 책임을 가볍게 여기는 것입니다. 대신 하나님의 비밀스럽고 주권적인 뜻을 아는 일에만 몰두합니다. 하나님이 정하신 뜻을 알게 해주시면 그 뜻에 따라 행하겠다고 하며 모든 책임을 하나님께 전가하려는 것입니다.

이런 사람들은 하나님 앞에 매우 신실한 듯이 행하지만, 사실은 우리에게 교훈하신 하나님의 뜻을 소홀히 여기는 얄팍한 신앙을 가진 자들입니다. 그런데 의외로 많은 신자가 하나님의 인도하심과 관련해 이러한 왜곡된 생각과 태도를 보입니다.

셋째, '하나님의 성향적인 뜻'입니다. 이것은 성경의 계시를 통해 우리가 얻을 수 있는 '하나님이 무엇을 기뻐하시고, 선하다고 여기시며, 인정하시는가?'에 대한 앎입니다. 우리는 하나님의 피조물에 대한 태도와 마음을 계시하신 말씀을 통해 알 수 있습니다. 하나님이 기뻐하시고, 또 미워하시는 것이 무엇인지를 알 수 있는 것입니다. 우리는 이렇게 우리에게 알려진 하나님의 성향적인 뜻 역시 거부하거나 불순종할 수 있습니다.

하나님의 뜻은 이보다 더 세부적인 구분도 가능하지만, 일반적으로는 크게 두 가지로 나누어 언급됩니다. 곧 신명기 29장 29절에 근거해 '감추어진 뜻'(또는 '비밀스러운 뜻')과 '계시된 뜻'(또는 '드러난 뜻')으로 구분하는 것입니다. 물론 이러한 구분으로 하나님의 뜻에 대한 모든 것을 다 설명할 수는 없습니다. 하지만 이러한 구분을 통해 우리는 하나님이 계시하지 않으신 뜻이 있는데, 그것은 우리가 알 수도 없고, 또한 알려고 해서도 안 된다는 것을 알 수 있습니다. R. C. 스프로울(Robert Charles Sproul)은 이에 대해 다음과 같이 말했습니다.

> 만일 우리가 구하려고 하는 것이 하나님의 감추인 뜻을 파악하려는 것이라면 그것은 어리석은 일일 것입니다. 그것은 불가능한 일을 추구하고 잡지 못할 것을 잡으려고 하는 것과 마찬가지입니다. 그런 추구는 어리석을 뿐만 아니라 주제넘은 짓입니다. 하나님의 은밀한 섭리 속에 감추어진 뜻은 그 누구에게도 맡겨진 일이 아니며, 사람이 사색을 통해서 들어갈 수 있는 영역에 있지도 않습니다.[1]

우리는 어떠한 상상과 사색을 통해서도 하나님이 하나님의 영역으로 정하신 영역에 미칠 수 없고, 또 미쳐서도 안 됩니다. 그래서 존 칼빈(John Calvin)도 "하나님이 자신의 거룩한 입을 다무신 곳에서는 나도 의문을 버린다"고 말한 것입니다.

이처럼 하나님의 뜻을 계시된 뜻과 감추어진 뜻으로 구분해 말하면, 계시된 뜻은 곧 성경입니다. 성경에 기록된 하나님의 명령과 교훈적인 내용, 하나님의 도덕적인 성품이 계시된 뜻입니다. 한편 감추어진 뜻은 우리에게 드러나지 않은 하나님의 계획, 그분의 주권적인 뜻에 따른 섭리를 말합니다.

　우리의 삶에는 수많은 일이 일어나는데, 그 모든 일의 배후에 하나님이 계십니다. 우리가 어디서 누군가를 만난다고 합시다. 우리는 그 만남의 순간만을 경험하지만, 그 일이 있기까지의 모든 과정을 이루시는 분은 하나님이십니다. 우리가 알 수 없는 감추어진 뜻을 이루기 위해 하나님이 일하시는 것입니다. 이것을 우리에게서 감추신 이유는 우리가 알 필요가 없기 때문입니다.

　그러나 계시된 뜻은 이와 다릅니다. 우리는 성경 계시를 통해 무엇이 옳은지 그른지, 하나님이 무엇을 기뻐하시고 싫어하시는지 등을 알 수 있고, 또 알아야 합니다. 그리고 그것을 우리의 생각과 말과 행동의 윤리적 원칙으로 삼아야 합니다. 그런데 이 부분에서 우리가 '하나님의 인도하심이 무엇인지 모르겠다. 어떻게 해야 할지 모르겠다'고 하는 것은 성경을 덮어 놓고, 성경 계시를 이해하려 하지 않고 하나님의 인도하심을 구하려는 잘못된 태도입니다.

계시된 뜻과 감추어진 뜻에 대한 바른 태도

　하나님은 자신이 계시하신 말씀과 상관없이 우리를 인도하지 않으십니다. 그러므로 하나님의 인도하심을 구하는 자는 먼저 계시된 하나님의 뜻을 알고 따라야 합니다. 하나님의 계시된 뜻 안에는 교훈적인 뜻을 대표하는 '십계명', 예수님이 구약 계명들의 핵심으로 요약해 주신 "하나님을 사랑하고 이웃을 사랑하라"라는 말씀 등이 포함됩니다. 우리 삶의 많은 문제에 대한 하나님의 뜻이 이러한 말씀들 안에 계시되어 있습니다. 하나님의 인도하심을 받는 것은 우리가 이러한 뜻을 분별해 따르는 것과 긴밀하게 관계되어 있습니다. 우리는 계시된 하나님의 뜻을 따라 행할 때 하나님의 복된 인도하심을 분명하고 풍성하게 경험하게 됩니다.

물론 하나님은 우리가 그분의 뜻을 거스를 때도 계속 우리를 인도하십니다. 하나님의 감추어진 뜻은 폐하지 않고, 하나님은 결국 우리를 향한 그 뜻을 이루십니다. 하지만 계시된 하나님의 뜻을 거스를 때 우리가 경험하게 되는 하나님의 인도하심은 우리의 불순종과 완악한 마음을 깨닫게 하는 방향인 경우가 많습니다. 따라서 우리는 하나님의 계시된 뜻을 주목하고 잘 이해해 그 뜻에 순종하는 가운데 하나님의 인도하심을 받아야 합니다.

반면 우리로서는 알 수 없는 하나님의 감추어진 뜻에 대해서는 하나님의 주권을 인정하며 알 수 없는 채로 두어야 합니다. 우리는 하나님이 주권자로서 온 우주 만물을 통치하시며, 최종적으로 하나님의 구속 계획을 이루시는 일에 대해서 성경이 부분적으로 알려 주는 것 외에는 알 수 없습니다. 구체적으로 언제, 무슨 일이, 어떻게, 왜 일어나는지 알 수 없습니다.

예컨대 하나님은 아브라함의 후손들이 번성해 큰 민족을 이루게 될 것을 말씀하셨지만, 그 일을 언제, 어떻게 이루실지에 대한 하나님의 뜻은 말씀하지 않으셨습니다. 하나님은 아브라함의 아내 사라가 폐경하고 아브라함 역시 나이가 많아 자식을 낳을 수 없다고 할 상황에서 이삭을 주셨습니다. 이렇듯 우리가 하나님의 뜻에 대해 헤아릴 수 없는 부분이 분명히 있습니다.

하나님은 감추어진 뜻을 궁극적으로 하나님 자신의 영광을 드러내기 위해 나타내십니다. 하나님은 이 감추어진 뜻을 따라 사람과 천사들이 자유롭게 내린 결정들을 다스리시고 지배하셔서 자신의 궁극적인 뜻을 이루십니다. 앞서 언급했듯이, 심지어 우리가 계시된 하나님의 뜻을 거슬러도 결국 하나님은 자신의 감추인 뜻에 따라 계속 우리를 인도하십니다. 궁극적으로 우리에게는 선이 되게 하시고 하나님 자신에게는 영광이 되게 하는 일을 행하십니다.

그러나 경험세계 속에서 우리는 하나님의 감추어진 뜻을 알지 못하기 때문에 자주 '왜 내게 이런 일이 일어나는가?'라는 의문을 갖게 되고, 때때로 작지 않은 고통까지도 느끼곤 합니다. 우리의 의문에 대한 답은 보통 오랜 시간이 지난 뒤에 알게 됩니다. 요셉이 형들에 의해 노예로 팔렸을 때 왜 자신에게 그런 일이 일어났는지 알 수 없었다가 시간이 흘러 애굽의 총리대신 자리에 오르고 나서야 하나님의 뜻을 알게 된 것처럼 말입니다.

  요셉이 애굽으로 팔려가 애굽의 총리대신이 된 배경에는 하나님의 주권적인 섭리가 있었습니다. 하지만 요셉이 팔려갈 당시에는 요셉 자신을 포함해 아무도 그것을 알 수 없었습니다. 그러나 이 비밀스럽고 장엄한 하나님의 섭리로 인해 야곱의 자손들은 자신들이 전혀 생각할 수 없었던 미래로 나아가게 되었습니다. 하나님은 사람이 알지 못하는 주권적인 뜻을 이루기 위해 당시 세계 최강대국인 애굽을 다스리는 바로왕을 쓰시고, 나일강과 그 주변의 풍요로운 땅을 사용하셨습니다. 세계의 역사를 움직이신 것입니다.

  우리를 향한 하나님의 은밀한 뜻 역시 이와 같습니다. 아무리 답답하고 힘든 상황에 놓였더라도, 우리 눈에 하나님의 인도하심이 보이지 않을 때도 하나님은 자신의 은밀한 뜻대로 우리를 인도하십니다.

  우리에게 요구되는 것은 이 은밀한 뜻이 무엇인지 미리 알아내는 것이 아닙니다. 현실이 막막하다고 해서 계시된 하나님의 말씀을 넘어서서 하나님의 은밀한 뜻을 찾아내려고 하는 것은 하나님의 인도하심을 제대로 구하는 자세가 아닙니다. 오히려 우리는 사도 바울의 태도를 본받아야 합니다.

  바울은 데살로니가에서 거센 핍박을 당했는데, 데살로니가교회를 개척하고 3주 정도가 지난 후 그곳을 떠날 수밖에 없었습니다. 이후 바울은 아덴(아테네)에서 데살로니가 성도들이 지도자도 없이 박해를 받는다는 소식을 전해 듣고 하나님의 인도하심을 구했습니다. 그때 바울은 데살로니가교회에 다음과 같이 편지를 썼습니다.

> "이러므로 우리가 참다못하여 우리만 아덴에 머물기를 좋게 생각하고 우리 형제 곧 그리스도의 복음을 전하는 하나님의 일꾼인 디모데를 보내노니 이는 너희를 굳건하게 하고 너희 믿음에 대하여 위로함으로 아무도 이 여러 환난 중에 흔들리지 않게 하려 함이라 우리가 이것을 위하여 세움 받은 줄을 너희가 친히 알리라"(살전 3:1-3).

하나님의 인도하심이 절실한 상황 가운데 바울이 내린 결정은 디모데를 보내는 것이었습니다. 여기에서 바울은 "우리만 아덴에 머물기를 좋게 생각하고"라고 말했습니다. 그들이 내린 결정은 하나님의 도덕적인 뜻, 곧 말씀을 가지고 숙고하며 상의한 가운데 내린 것이었습니다.

물론 그들은 하나님의 자비를 구하며 기도했을 것입니다. 하지만 그들은 하나님의 감추인 뜻을 알려고 하지 않았습니다. 그들에게 일어난 특별한 감정이나 어떤 느낌에 주목해 "하나님의 인도를 받았다"라는 식으로 표현하지도 않았습니다. 그저 계시된 하나님의 교훈적이고 도덕적인 뜻 안에서 신중하게 가능한 모든 조치를 다 헤아려 보고 최선의 방법을 마련해 행동한 것입니다.

또 바울이 로마의 감옥에 갇혔을 때 빌립보로부터 에바브로디도가 찾아온 적이 있습니다. 그런데 에바브로디도가 병에 걸려 거의 죽을 지경이 되었습니다. 다행히 하나님이 그를 회복시켜 주셨는데, 빌립보교회의 성도들은 이 소식을 듣고 심히 걱정하며 그를 보고 싶어 했습니다. 이러한 상황에서 바울은 빌립보교회에 다음과 같이 이야기했습니다.

"그러나 에바브로디도를 너희에게 보내는 것이 필요한 줄로 생각하노니 그는 나의 형제요 함께 수고하고 함께 군사 된 자요 너희 사자로 내가 쓸 것을 돕는 자라 그가 너희 무리를 간절히 사모하고 자기가 병든 것을 너희가 들은 줄을 알고 심히 근심한지라"(빌 2:25-26).

여기에서도 바울은 "하나님이 그런 결정을 내리도록 인도하셨다"라고 말하지 않았습니다. 그저 하나님의 도덕적인 뜻 안에서 에바브로디도를 빌립보교회에 보내는 것이 필요하다고 생각해 그와 같이 결정한 것입니다. 바울이 어떤 결정을 내릴 때마다 항상 기도했듯이, 이때도 기도했을 것입니다. 그러나 그의 기도는 하나님의 감추어진 뜻을 알려 달라는 간구는 아니었습니다. 자기 앞에 있는 선택지 중 무엇이 하나님의 뜻인지 묻지 않았습니다.

이처럼 하나님의 인도하심을 구하는 것은 하나님의 계시된 뜻에 따라 자신의 상황 속에서 행동의 우선순위를 현명하게 정할 수 있는 지혜를 얻기 위함입니다. 또 분별력을 가지고 내린 결론을 믿음으로 행할 수 있게 해주시기를 구하는 것입니다. 왜냐하면 우리는 자신의 주관에 함몰되거나, 욕심에 이끌리고, 자기중심적으로 행동하는 경향이 있기 때문입니다. 하나님께 기도한다고 하면서 자신의 이익을 챙기고자 하는 마음을 여전히 가진 채 타협책을 하나님께 들이밀기도 합니다. 계시된 하나님의 말씀조차도 바르게 분별하고 행하기 위해서는 하나님의 인도하심과 지도가 필요한 것입니다. 그래서 기도해야 하는 것입니다.

답답한 상황에서도

물론 우리의 삶에서 복잡하고 답답한 현실을 경험할 때는 앞서 인용한 제럴드 싯처의 이야기와 같이 하나님의 은밀한 뜻이 무엇인지 묻고 싶은 충동이 일어납니다. 싯처와 그의 가족들은 하나님을 잘 믿는 신실한 사람들이었습니다. 그럼에도 중앙선을 넘어 돌진한 음주운전자로 인해 싯처의 아내와 아이들이 목숨을 잃었습니다. 이런 현실에 직면하게 되면 "도대체 하나님의 뜻이 무엇인가?" 하는 의문이 일어납니다. 평범한 일상 속에서는 갖지 않았을 의문이 오랜 고통과 질병, 갑작스러운 사고 상황과 위기 가운데서는 크게 일어나는 것입니다.

그러나 그런 때에라도 우리에게는 하나님의 뜻이 무엇인지, 하나님이 가지고 계신 앞으로의 계획을 묻기보다 목자 되신 하나님을 바라보는 일이 필요합니다. 어떤 형편에 있든지 하나님의 인도하심을 받는 양과 같은 우리에게 정말 중요한 것은 '목자 되신 하나님을 정녕 신뢰하며 바라보고 있는가?' 하는 것입니다. 사망의 음침한 골짜기를 지날지라도 목자 되신 하나님이 그 골짜기를 지나가게 하시리라는 믿음으로 '드러내신 뜻'을 겸손히 따라야 합니다.

우리는 또한 그러한 믿음 안에서 안식할 수 있습니다. 왜냐하면 우리가 계시된 뜻을 따르는 데 부족함이 있더라도 결국 하나님이 우리의 최종적인 구원과 맞물려서 모든 것이 합력하여 선을 이루도록 하실 것이기 때문입니다. 감추어진 하나님의 뜻은 어떤 돌발적인 상황이나 우리의 잘못된 판단이나 실수 같은 것으로 인해 좌절되지 않습니다. 심지어 하나님은 우리의 불순종이나 누군가의 악한 의도까지도 선으로 바꾸사 자신의 선하신 뜻을 이루십니다(창 50:20). 우리를 궁극적인 구원으로 인도하시는 것입니다.

우리의 생각은 다 이해하기 어려운 현실의 문제들에만 갇혀 있지 말고, 그 가운데 감추어진 뜻을 이루시는 하나님의 능력과 신실하심에 미쳐야 합니다. 한 치 앞을 보지 못하는 우리의 목자로서, 이 사망의 음침한 골짜기와 같은 시간을 지나 마침내 우리를 집으로 인도하실 하나님 안에서 안전하다는 사실을 믿어야 합니다. 그러한 믿음으로 오직 계시하신 뜻을 잘 분별해 따라가야 합니다. 이것이 성경이 말하는 하나님의 인도하심에 대한 가장 기본적인 내용입니다.

하나님의 인도하심 안에 있는 현재, 하나님의 뜻 안에 있는 끝

하나님이 감추어진 뜻과 계시된 뜻을 따라 우리를 인도하시는 방식을 이해하지 못하면 우리는 깊은 혼란에 빠지게 됩니다. 조금만 어려운 일이 생겨도 도저히 이해할 수 없다고 소리치며 하나님을 원망하는 마음을 갖게 됩니다.

그러나 잊지 마십시오. 우리가 이해하기 힘들고 감당하기 어려운 현재 상황은 우리 목자 되신 하나님의 인도하심 안에 있습니다. 우리의 모든 상황 속에서 하나님의 인도하심은 현재진행형입니다. 혹 지금 우리의 삶이 비극의 연속처럼 보여도 결코 그것이 우리의 끝은 아닙니다. 하나님은 우리의 목자로서 여전히 우리를 인도하고 계십니다. 하나님이 끝이라 하실 때까지 우리는 결코 끝이라 해서는 안 됩니다. 끝은 오직 주권자이신 하나님이 내리시는 것입니다.

제럴드 싯처는 "당신의 구원의 뜻이 이루어질 때까지 그분은 이야기를 끝내지 않는다. 죄와 비극과 고난과 그 모든 것은 결코 최종 단어가 아니다. 최종 단어는 하나님께 있다. ……하나님은……궁극적으로 우리를 유익하게 할 것이다"라고 말했습니다.[2] 하나님은 마침내 우리를 유익하게 할 끝을 가지고 계십니다.

양들의 특별한 조건

이와 관련해 우리는 한 가지 사실을 더 생각해 볼 필요가 있습니다. 그것은 이처럼 하나님이 자신의 주권적인 뜻과 계시된 뜻에 따라 선을 이루시며 궁극적인 구원으로 인도하시는 대상은 오직 그분의 양들뿐이라는 것입니다.

세상 사람들도 하나님의 주권 아래 일어나는 각종 사건과 사고, 비극을 경험하며 왜 그런 일들이 일어나는지 묻습니다. 하지만 그들은 거기까지입니다. 그들이 경험하는 것은 어떤 사건이나 사고일 뿐, 그 가운데서 하나님의 인도하심을 경험하지 못합니다. 감추어진 뜻에 따라서든, 계시된 뜻에 따라서든 하나님의 인도하심은 오직 하나님의 양들인 그리스도인들에게만 해당합니다.

시편 23편의 내용만 해도, 여호와께서 자신의 목자가 되시는 양들에게만 있을 수 있는 경험과 고백입니다. 목자와 양의 관계 속에서만 그 복된 인도하심을 경험할 수 있는 것입니다. 이러한 관계가 없는 자는 사망의 음침한 골짜기를 지날 때 그가 경험하는 그 현실이 그의 전부입니다. 사망의 음침한 골짜기를 지나 영원한 집으로 이끄시는 하나님의 인도하심이 그들에게는 없습니다. 일반은총에 따라 허락받은 수명만큼 그런 삶을 살다가 마는 것입니다.

그러나 신자들은 그들과 같지 않습니다. 우리는 하나님이 돌보시는 양들입니다. 우리가 비록 이해할 수 없는 상황과 문제, 또는 비극에 처하더라도 그것이 다가 아닙니다. 우리가 경험하는 현실의 상황과 사건들은 하나님이 궁극적인 목적지까지 인도하시는 과정 중에 있는 일들입니다.

하나님의 인도하심은 그저 당장의 문제를 모면하게 해주는 것 정도가 아닙니다. 한 번의 위기를 해결하고자 사용하는 카드 같은 것이 아닙니다. 하나님의 인도하심은 우리를 향한 구원을 이루기 위한 인도하심입니다. 그래서 우리는 하나님이 인도하시는 가운데 우리가 알 수 있는 뜻과 미리 알 수 없는 뜻을 함께 경험합니다. 그래서 바울이 빌립보서 2장에서 하나님이 우리의 구원을 위해 이루고 계시는 주권적인 뜻이 있음을 말하며, 동시에 두렵고 떨림으로 계시된 뜻을 좇아 구원을 이루라고 권면하는 것입니다.

우리는 다 이해할 수 없는 상황과 문제 앞에서도 이 점을 생각해야 합니다. 우리에게는 보이는 현실이 전부가 아닙니다. 감추인 뜻과 계시된 뜻에 따라 우리를 인도하시는 하나님이 계십니다. 우리는 현재의 고통과 비극을 넘어 구원으로 이끄시는 하나님의 인도하심 가운데 있습니다. 그러므로 그 인도하시는 우리의 하나님을 바라보고 신뢰해야 합니다.

'부당한 고난' 중에도 신뢰할 수 있는가

물론 우리가 모두 경험하듯, 큰 어려움 가운데 하나님을 바라보고 신뢰하기란 말처럼 간단하지 않습니다. 자기 잘못으로 생긴 어려움이라면 모르겠지만, 제럴드 싯처와 같이 이유도 알 수 없이 극단적인 비극을 경험할 때 그 속에서 하나님의 인도하심을 발견하고 신뢰한다는 것은 결코 쉬운 일이 아닙니다. 우리 주변에도 자신의 의지나 선택과는 상관없이 삶에 들이닥친 고난과 슬픔에 몸부림치는 사람들이 많이 있습니다. 아무리 신실한 그리스도인이라도 북한이 쏜 어뢰에 맞아 침몰한 배에 타 있던 장병들의 부모나 뜻밖의 자연재해로 가족을 잃은 사람들의 관점에서 하나님의 인도하심을 신뢰하기란 매우 어려운 일입니다. 우리는 기계가 아니라 인격을 가진 존재이기 때문입니다.

이러한 '부당한 고난'에 대해 제럴드 싯처는 체험적인 고민을 담아 함께 생각해 볼 만한 글을 남겼습니다. 다음은 그중 일부입니다.

우리의 고난 경험은 정해진 합리성의 기준이나 분명한 예측의 법칙을 따르지 않는다. 고난은 옳고 그름의 경계, 무죄와 유죄의 경계, 정당함과 부당함의 경계를 존중하지 않는다. 죄는 이 사람이 짓고 결과는 엉뚱한 사람이 당하는 경우가 비일비재하다.

 임산부가 술을 너무 많이 마셨는데, 아기가 태내에서 알코올에 중독되어 태어난다. 아돌프 히틀러는 수백만의 무죄한 인명을 앗아 갔다. 아이오와주 작은 시골 마을의 설리번가는 히틀러의 전쟁 도발 때문에 다섯 아들을 모두 전쟁터에서 잃었다. 그 전쟁은 그 아들들이 시작한 것도 아니고 싸우고 싶어 했던 것도 아니었다. 공연히 엉뚱한 시간에 엉뚱한 장소에 있다가 날벼락을 당하는 일도 있다. 그렇게 찾아오는 고난은 혹독한 결과를 남길 수 있다.

최근 메리라는 여자에게서 편지 한 통을 받았다. ……메리가 다섯 살 때 부모가 2주 동안 유럽 여행을 떠났다. 메리는 당시 9개월이던 남동생과 함께 작은 한 마을에 살고 있던 할머니, 할아버지에게 맡겨졌다. 메리가 제일 좋아하던 이모가 와서 도와주었다. 떠나기 전에 어머니는 늘 하던 대로 메리에게 이렇게 말했다. "말 잘 들어야 한다. 동생 잘 보고. 우리는 너희들을 무지무지 사랑한단다."

며칠 후 할머니와 이모가 메리와 남동생을 데리고 근처 도시로 쇼핑을 하러 갔다. 가는 길에 과속 차량이 정지 신호를 무시한 채 달리다가 그들의 차를 정면으로 들이받았다. 메리만 빼고 다 죽었다. 메리는 그 죽음의 방 속에 한 시간 동안 갇혀 있다가 경찰에게 구조되었다. 사고 소식을 들은 할아버지는 충격을 받아 결국 병원에 입원하셨다. 이틀 후에 부모가 돌아왔다. 그들이 돌아올 때쯤 메리는 아무와도 대화를 거부한 채 침묵의 세계에 꼭꼭 틀어박혀 있었다. 그런데 2년 동안 메리는 아무 말도 하지 않았다.

나는 메리의 사연을 종종 생각한다. 사랑하는 세 사람이 모두 죽어 있는 차 안에서 한 시간 동안 갇혀 있었던 다섯 살 난 여자아이의 얼굴을 떠올려 보곤 한다. 그 장면을 생각만 해도 공포에 휩싸인다. ……메리는 그런 고난을 당할 만한 일을 전혀 하지 않았다.

죄는 인간의 마음을 짓밟는다. 고난은 죄의 산물이다. 그러나 한 인간에게 닥쳐오는 고난은 그 사람이 저지른 과오의 논리적 귀결이 아니다. 어떤 사람들은 죄를 밥 먹듯이 지으면서도 비교적 행복하게 살아간다. 적어도 이 세상에서는 말이다. 그런가 하면 깨끗한 삶을 사는데도 세상의 냉혈한까지도 떨게 만드는 참사를 당하는 이들이 있다. 그 어떤 일도 하나님이 뜻하신 것이 아니다. ……죄가 세상을 지배하기 때문이다. 그러므로 인간의 고난은 본래 하나님의 뜻이 아니다. 그것은 하나님의 본연의 계획에 어긋나는 것이다.

그러나 하나님은 우리에게 고난을 허용하신다. 고난은 종종 그분의 계시된 뜻과 어긋나 보이지만 똑같은 방식으로 그분의 숨은 뜻을 성취한다. 아무리 처참하고 부당한 고난일지라도 궁극적으로 하나님은 그것을 사용해 당신의 구속의 뜻을 성취하신다. 선한 것이든, 악한 것이든 모든 사건은 하나님의 역사 속에서 이루어지는 더 커다란 계획에 소용된다. ……

우리는 고난이 닥쳐올 때 여전히 충격과 분노로 반응한다. 마치 나만은 그 법칙에서 예외가 되어야 한다는 듯 말이다. 사람들은 대부분 인생이 어렵다는 이 진리를 온전히 보지 못한다. 대신 그들은 자신의 막중한 문제와 짐과 어려움에 대해 겉으로든 속으로든 저마다 신세타령을 쉬지 않는다. 인생이 본래 쉽다는 듯, 당연히 쉬워야 한다는 듯 말이다.

인생이란 때로 누구에게나 어려운 것이다. 고난의 일부는 피할 수 있을지 모르지만, 모든 고난을 피할 수는 없다. 우리는 건강식품을 먹고, 매일 운동을 하고, 안전벨트를 매고 제한 속도만 운전하고, 알찬 우정을 가꾸고, 긍정적인 사고를 개발할 수 있다. 그런데도 우리는 어느 날, 자신이 암에 걸리거나 대형 교통사고로 목숨을 잃거나 우울증에 걸릴 수 있다는 현실을 받아들여야 한다.

여기에서 하나님의 역할이 무엇인가? 그분이 고난을 허용하시는 이유는 무엇인가? 고난에 대한 우리의 반응은 다분히 그 질문에 대한 대답에 따라 달라질 것이다. 고난은 하나님의 주관 하에 있는가, 그렇지 않은가?

만일 그렇다면 그분이 우리의 삶 속에서 당신의 구원의 뜻, 즉 당신의 숨은 뜻을 이루신다는 것을 믿을 수 있다. 만일 그렇지 않다면 우리는 믿음을 버리고 하나님의 도움 없이 인생을 헤쳐 나갈 길을 찾아야 할 것이다. 살면서 겪어야 하는 고난과 삶의 회의는 절대 단순하지 않지만, 그 선택만은 그처럼 존엄하고 단순한 것이다.[3]

무슨 의미입니까? 부당한 고난을 이해하고 받아들이기는 절대 쉽지 않지만, 우리는 둘 중 하나를 택해야 한다는 것입니다. 그 가운데서도 자신의 은밀한 뜻을 이루시는 하나님을 믿든지, 아니면 그런 하나님은 도저히 믿을 수 없다며 자기 마음대로 인생을 살든지 하는 것입니다.

말씀을 통해 깨우신다

부당한 고난을 겪을 때 우리는 하나님의 뜻과 인도하심에 대해 깊고 넓은 지식이 있어도 잠시 눈이 가리어질 수 있습니다. 하나님께 의문을 제시하며 절규할 수 있습니다. 하나님의 목자 되심에 대해 아무리 말해도 자신과는 아무런 상관이 없는 분처럼 여겨질 수 있습니다. 심지어 하나님이 모든 것을 합력하여 선을 이루신다는 것을 믿는 자라도 먼 미래의 이야기처럼 들릴 뿐 현재 자신은 버려진 것처럼 느낄 수 있습니다. 고난 자체밖에 보이지 않고, 또 보이는 그것이 전부라고 생각되는 것입니다.

이런 상태에서 깨어나 목자 되신 하나님과 그분의 인도하심을 다시 볼 수 있게 해주시는 분은 오직 성령 하나님이십니다. 그리고 성령은 다름 아닌 계시된 하나님의 말씀에 우리의 귀를 기울이게 하심으로써 그러한 일을 행하십니다. 이것 외에는 우리의 가리어진 눈을 열어 목자 되신 하나님을 볼 수 있게 하는 다른 길이 없습니다.

우리의 눈은 일시적으로 가리어질 수 있습니다. 그러나 힘들다고 귀를 막으면 더 어려워집니다. 성령 하나님은 말씀을 통해 우리를 깨어나게 하십니다. 비록 감추어진 하나님의 뜻은 알 수 없지만, 지금도 하나님이 자신의 주권적인 뜻을 따라 일하고 계신다는 사실을 말씀을 통해 다시금 깨닫게 하십니다. 우리에게 닥친 충격적이고 부당한 고난은 우리를 극심한 고통 가운데 몰아넣을 수 있습니다. 하지만 결국 우리는 하나님의 말씀에 귀 기울임으로써 깨어날 수 있습니다.

우리는 성경에서 당시로서는 결코 이해할 수 없었을 고난과 고통을 받은 하나님의 백성을 많이 봅니다. 성경은 그들이 삶 속에서 겪었던 고통과 부당한 경험들을 어떻게 견디고, 어떻게 다시 소생케 되었는지에 대해 말해 줍니다. 창세기의 요셉 이야기와 욥기, 다윗의 시편 등으로부터 하나님의 백성이 이 땅에서 경험하는 답답한 현실과 부당한 고난의 결론을 보며, 그 앞에서 그들이 취했던 태도를 봅니다. 성경에 기록된 그들의 이야기는 현재의 모든 경험과 고난은 과정이며, 그 과정을 지나 결국 하나님의 구원을 이루는 결론이 있음을 말해 줍니다.

우리는 고된 현실 속에서 하나님의 인도하심을 절실하게 필요로 합니다. 그리고 오랫동안 바랐지만 이루어지지 않는 일들로 긴 터널 같은 힘든 시간을 보낼 때 '더는 하나님이 나를 인도하지 않으신다'는 가혹한 느낌을 받기도 합니다. 심지어 상황과 현실에 눈이 가리어져 목자 되신 하나님이 도대체 어디 계시느냐고 절규하기도 합니다.

그런데 그때 우리에게 필요한 것은 하나님의 감추어진 뜻, 주권적인 뜻을 알기 위해 왜곡된 노력을 기울이는 것이 아닙니다. 우리에게 필요한 것은 계시된 말씀에 귀를 기울이는 것입니다. 이 말씀을 통해 배우는 것입니다. 이 말씀이 말하는 바를 그대로 믿는 것입니다. 요셉이 그러했듯 지금 하나님이 인도하시는 도상에서 경험하는 이 고난들도 끝이 있으리라는 것입니다. 하나님이 이 모든 것 가운데 선을 이루시고, 감추어진 하나님의 뜻과 계획을 따라 나의 구원을 이루시리라는 것입니다.

말씀이 증언하는 대로, 하나님은 나를 그렇게 인도하시는 목자이십니다. 이 점을 확고히 믿으십시오. 우리를 향한 하나님의 인도하심은 끝을 복되게 하는 인도하심입니다. 그것은 절대 흐지부지되지 않습니다. 하나님의 인도하심은 끝까지 책임지며, 영원한 생명으로 이끄는 인도하심입니다.

하나님의 감추어진 뜻이 하늘에서 이루어진 것같이 땅에서도 이루어질 것입니다. 우리가 어떤 상황에 있든 우리의 현실 속에서도 하나님의 뜻이 이루어질 것을 믿으십시오. 일생토록 이 사실을 믿고 나아가십시오. 특별히 힘든 사건과 상황으로 고통받을 때만 아니라, 시간이 가도 별로 달라지지 않는 평범하면서도 답답한 일상 가운데서도 마찬가지입니다. 우리의 삶은 아직 끝나지 않은 과정에 있으며, 복된 결론을 주시기 위한 하나님의 인도하심이 아직도 계속되고 있음을 기억하십시오.

답답한 일상 속에서도 하나님을 보라

앞에서 인용했던 글에서 제럴드 싯처는 매우 심각하고 충격적인 사건에 관해 이야기했습니다. 동시에 그는 건조하고 답답한 일상 속에서 자신이 물었던 하나님의 뜻과 인도하심에 관해서도 말했습니다. 다음은 그중 일부입니다.

나는 밤늦게까지 앉아 일처리에 매달린다. 일이 너무 힘들어 이사해야 하지 않는가 하는 생각이 든다. 그때 아무 경고도 없이 가정생활이 무너지기 시작한다. 존은 매사에 고집을 피우며 부정적이다. 데이비드는 빈정대는 태도로 온 식구를 미치게 만든다. 캐서린은 일을 질질 끌며 내가 숙제 이야기만 꺼내면 방어적인 자세를 취한다.

나는 인내심을 잃고 아이들에게 고함을 지르기 시작한다. 그럴수록 상황은 더욱 악화될 뿐이다. 낙심에 빠지고 탈진한 몸으로 밤늦게 침대로 기어든다. 지붕이 가라앉을 것 같고, 가족이 다 남남이 될 것 같고, 자신이 무능한 아버지로 느껴진다. 하나님이 우리에게 잔인한 우주적 장난을 치고 계신다는 생각이 든다. 그분은 정작 엄마로서 손색없는 사람인 린다의 목숨을 앗아 간 채, 아버지 구실을 하기에는 턱없이 모자라는 나만 혼자 달랑 남겨 놓으셨다. 나 혼자 안간힘을 다해 막아 보려고 하지만 댐은 금방이라도 터져 버릴 것만 같다. 더 큰 홍수의 상처로 우리를 할퀴려 하고 있다.

이것은 절대 과장이 아니다. 직장에 다니는 편부모도 바른 시각을 잃기 쉽지만, 불치병 환자, 만년 실직자, 결혼생활이 불행한 사람들, 전쟁 난민, 단순히 삶에 염증을 느낀 사람도 똑같이 바른 시각을 잃기 쉽다. 취약 지구가 서로 다를 수 있고, 붕괴 지점이 높거나 낮을 수 있고, 고질적 죄의 분야가 다를 수 있다. 그러나 한계를 안고 있기는 누구나 마찬가지이다. 누구나 자신이 무용지물로 느껴지는 시기가 있기 마련이다. 인간이 모든 피조물 중 가장 끈질기고 의지가 강하다는 말을 들은 적이 있다. 그러나 내 경험으로 보건대 가장 약한 존재 역시 인간이 아닐까 싶다. 믿음으로 산다고 해서 언제나 그런 어려운 상황이 바뀌는 것이 아니다.

하지만 믿음으로 살 때 우리는 상황을 이해하는 시각과 그 속에서 하나님을 찾을 수 있는 영혼과 그 상황을 견뎌 낼 의지를 가질 수 있다. 삶이란 종종 어렵고 혼란스럽다. 직장 상사가 심술을 부린다. 부모가 억지를 부린다. 아이들이 말을 안 듣는다. 음식과 술이 유혹해 온다. 고독을 참을 수 없다. 날마다 할 일이 너무 많다. 그럴 때 믿음의 삶은 쉴 틈을 주지 않는 고된 노동처럼 느껴진다. ……

크리스천이 경험을 통해 배울 수 있듯이 삶이 힘들 때 하나님의 선하심을 믿기란 어려운 일이다. 나는 거의 매주 사람들이 다음과 같이 질문하는 소리를 듣는다. "아내가 나를 버렸어요", "아들이 암으로 죽었어요", "일자리를 잃었어요", "교회가 내게 모욕을 주었어요. 그런데 어떻게 하나님을 믿을 수 있습니까?"

이런 질문에 대한 쉬운 답은 없다. 믿음이란 당면한 상황을 넘어 과거와 미래를 보는 것이다. 과거에는 예수 그리스도 안에서 이루어진 하나님의 구원 사역의 이야기가 있다. 미래에는 하나님이 모든 것을 해결하신다는 희망이 있다. 비록 당장은 걷잡을 수 없는 상황에 처했을지라도 믿음은 우리로 그것을 초월하여 하나님이 하시는 일에 더 큰 그림을 보게 해준다.[4)]

여기에서 싯처가 '믿음'이라고 표현한 것이, 앞에서부터 계속해서 언급한 '하나님을 보는 것'입니다. 우리가 고난과 답답한 상황에 둘러싸여 눈이 가리어지더라도, 그 현실 가운데서도 우리의 목자 되시는 하나님을 믿음의 눈으로 보게 된다면 우리는 안식할 수 있습니다. 폭풍 속에서도 안식할 수 있습니다. 견디며 그 시간을 지날 수 있습니다. 마치 갈대아 사람들이 예루살렘을 치리라는 소식을 듣고 그 마음이 격동한 선지자 하박국이 목자 되신 하나님을 믿음으로 보고 난 뒤, '그럼에도' 여호와로 인하여 즐거워할 수 있었던 것처럼, 우리도 그럴 수 있습니다.

하나님은 이미 우리에게 그 어떤 고난에서도 헤어 나올 수 있는 길, 극복할 수 있는 길을 주셨습니다. 그것은 바로 하나님의 말씀을 통해 목자이신 하나님을 보는 것입니다. 말씀을 통해 우리의 목자 하나님의 인도하심을 보는 것입니다. 계시되지 않은 것을, 우리가 알 수 없는 것을 찾으려고 하지 마십시오. 말씀을 통해 하나님을 보십시오. 하나님이 어떤 분이신지 보십시오. 어떤 목자이신지 보십시오. 하나님의 인도하심이 좀처럼 보이지 않는 것 같은 답답함 가운데서도 우리가 견디며 소생할 수 있는 길은 바로 여기에 있습니다. 하나님을 보게 하는 말씀이 우리를 소생케 하는 것입니다.

그러므로 말씀만큼은 놓치지 말아야 합니다. 아무리 힘들어도 귀를 막지는 마십시오. 우리의 목자 되신 하나님에 대해 증언하는 말씀을 들으십시오. 그러면 하나님의 양들은 고통을 견딜 수 있습니다. 고통 중에서 깨어나 하나님의 인도하심을 경험하며 확인할 수 있습니다. 임박한 심판 앞에서도 목자 되신 하나님으로 인하여 즐거워한 하박국처럼, 고통 중에 위안을 얻을 뿐만 아니라 그것을 넘어 하나님으로 인하여 즐거워할 수 있습니다.

고난과 답답한 현실에 몰입해 있으면 우리의 눈은 어두워집니다. 하나님의 말씀을 통해 목자 되신 우리 주님을 보십시오. 변함없으신 목자, 영원한 본향으로 안전하게 인도하실 참되고 확실한 목자이신 주님을 보십시오. 모든 것을 손에서 놓고 싶은 유혹이 오더라도 하나님의 말씀을 들어야 합니다. 말씀을 통해 목자 되신 하나님을 보는 일마저 하지 않는다면 마지막 생명줄을 놓치는 것입니다.

이 세상에서 우리가 하나님의 뜻대로 인도하심을 받는 길은 오직 말씀을 통해서입니다. 나머지 방법들은 말씀에 기초해 부차적인 도움을 주는 것들에 불과합니다. 우리와 맺은 언약을 신실하게 지키시며 우리를 인도하시는 하나님의 말씀을 머릿속의 지식이 아닌 자신의 전 존재, 전 인격을 관통하는 실제적인 지식으로 붙드십시오. 이것이 신자가 가진 가장 큰 특권입니다. 말씀을 통해 우리의 인도자 하나님을 보는 것은 나를 위해 하나님이 주신 특별한 보호책입니다.

하나님은 항상 우리를 보신다

여기에서 우리가 잊지 말아야 할 놀라운 사실이 있습니다. 행여 우리가 인도자이신 하나님을 보지 못해 놓친 것 같은 때에도 하나님은 여전히 우리를 보호하고 인도하신다는 것입니다. 요셉이 감옥에서 하나님의 섭리를 보았을까요? 하나님이 일하고 계신 것을 보았을까요? 아브라함이 사라가 자신의 누이라고 했다가 그녀를 잃은 상황에서 하나님의 손을 보았을까요? 그들은 아무것도 보지 못했습니다. 그들은 하나님이 어떻게 자신들을 인도하시는지 알지 못했습니다. 하지만 그때도 하나님은 일하고 계셨습니다.

하나님은 그리스도 안에서 자녀 삼으신 우리 역시 항상 보호하고 인도하십니다. 기쁘고 평안할 때는 말할 것도 없고, 최악의 상황에 있을 때도 하나님은 우리의 인도자로서 우리를 이끄십니다. 심지어 우리가 죄악에 빠질 때도, 비록 징계하시지만 우리를 인도하시는 손을 쉬지 않으십니다. 그러므로 우리는 그 어떤 상황에서도 인도자 하나님이 계신다는 사실을 신뢰하며 안심할 수 있습니다.

찬송 작가 E. E. 히윗(E. E. Hewitt)은 자신의 인도자이신 하나님에 대해 이렇게 고백했습니다.

"내 주와 맺은 언약은 영 불변하시니

그 나라 가기까지는 늘 보호하시네

주님을 찬송하면서 할렐루야 할렐루야

내 앞길 멀고 험해도 나 주님만 따라가리"(새찬송가 370장).

그렇습니다. 우리는 그렇게 믿고 주님을 따라가기만 하면 됩니다. 또 A. R. 하버숀(A. R. Haborshon)은 이렇게 고백했습니다.

"나의 믿음 약할 때 주가 붙드네

마귀 나를 꾀일 때 주가 붙드네

우리 구주 아니면 서지 못하네

나의 사랑 식을 때 주가 붙드네

나를 귀히 보시고 항상 붙드네

구원 얻은 사람을 항상 붙드네

나의 영혼 약할 때 주가 붙드네

피를 흘려 샀으니 주가 붙드네

나를 붙드네 나를 붙드네

사랑하는 나의 주 나를 붙드네"(새찬송가 374장).

우리를 인도하시는 하나님은 진실로 우리를 붙드십니다. 우리가 주님을 보지 못할 때도 우리를 붙들고 보호하십니다. 이 사실을 믿으십시오. 이것은 우리의 현재는 물론 미래에도 변하지 않는 사실입니다. 우리 인생에 절대 변하지 않는 사실로서 드리워 있는 은혜입니다. 그 하나님을 믿음으로 바라보며 신뢰하십시오.

04

캄캄한 밤 _
선하신 하나님을 기다리라

The LORD who guides

"기다리는 자들에게나 구하는 영혼들에게 여호와는 선하시도다
사람이 여호와의 구원을 바라고 잠잠히 기다림이 좋도다
사람은 젊었을 때에 멍에를 메는 것이 좋으니
혼자 앉아서 잠잠할 것은 주께서 그것을 그에게 메우셨음이라
그대의 입을 땅의 티끌에 댈지어다 혹시 소망이 있을지로다
자기를 치는 자에게 뺨을 돌려대어 치욕으로 배불릴지어다
이는 주께서 영원하도록 버리지 아니하실 것임이며
그가 비록 근심하게 하시나 그의 풍부한 인자하심에 따라
긍휼히 여기실 것임이라 주께서 인생으로 고생하게 하시며
근심하게 하심은 본심이 아니시로다"

(애 3:25-33).

끝까지
인도하시는
하나님

우리의 지혜로운 판단보다 크신 하나님의 인도하심

예수님의 승천 이후 제자들은 가룟 유다를 대신할 사람을 세우기 위해 하나님의 뜻을 알고자 구했습니다. 그런데 사도행전에서 제자들이 그와 같이 하나님의 뜻을 알려고 하는 모습은 다시 나오지 않습니다. 사도행전에는 여러 지역에서 사도들이 처한 매우 다양한 상황과 문제들이 기록되어 있습니다. 하지만 하나님의 직접적인 의중을 묻거나 찾은 예는 없습니다. 다만 사도행전에서는 계속해서 사도들을 인도하시는 하나님이 두드러집니다.

예컨대 사도 바울이 주를 믿는 믿음 안에서 합리적으로 세운 계획을 따라 선교 여행을 하고 있었을 때 성령이 두 번이나 막으셨습니다(행 16:6-7). 또한 이후 성령이 바울에게 환상을 보이셔서 그들 일행의 발걸음을 마게도냐로 옮기도록 하셨습니다. 이를 통해 우리는 하나님의 말씀에 드러난 원리를 따라 지혜를 발휘하고 지체들끼리 상의해 결론을 내리더라도, 더욱 중요한 것은 우리의 결정보다 우리를 인도하시는 하나님이시라는 사실을 알게 됩니다.

그런데 어떤 사람들은 하나님의 말씀 안에서 고민하며 그에 따라 합리적으로 판단한다면 무엇을 선택하든 그것이 하나님의 인도하심이라고 주장하기도 합니다. 그것은 우리의 선택과 결정에 지나치게 무게를 두는 태도입니다. 분명 우리는 하나님의 말씀에 따라 지혜를 발휘하고, 또 신뢰할 만한 주변 사람들에게 조언을 구함으로써 바른 결정을 내리기 위해 애써야 합니다. 하지만 하나님은 그런 결정이라도 막으시고 다른 길로 인도하기도 하십니다.

이 사실을 간과하기 때문에, '하나님이 허락하신 자유를 가지고 하나님의 말씀 안에서 충분히 고민하고 결정했다면 그것이 곧 하나님의 인도하심'이라고 단정 짓게 되는 것입니다. 어느 정도 합리적인 과정을 거친 의사결정이라면 자신의 선택을 곧 하나님의 인도하심과 동일시하는 것입니다.

물론 하나님은 우리에게 말씀에 비추어 판단하고 행할 수 있는 자유를 주셨습니다. 하지만 이처럼 지나치게 단순화된 논리는 성경이 강조하는 '하나님이 모든 것의 주도자'이시라는 사실을 간과한 것입니다. 이것은 아주 간단한 사실 같지만, 이 사실을 분명하게 알고 신앙생활을 하는 것과 그에 대한 실제적인 앎과 인정 없이 자신의 판단과 결정에 무게 중심을 두고 사는 것 사이에는 큰 차이가 있습니다.

하나님은 "땅끝까지 복음을 전하라"라는 큰 틀에서의 뜻만을 가지고 계신 분이 아닙니다. 바울 일행은 "모든 민족을 제자로 삼으라"라는 지상 명령(마 28:19)에 순종해 아시아와 비두니아 지역에 복음을 전하려고 했습니다. 세부적인 하나님의 뜻을 찾아내기 위해 시간을 소모하지 않고, 이미 계시된 말씀 안에서 지체들이 서로 논의해 지혜롭게 결정한 것입니다. 또 그들의 선택과 결정에 어떤 문제가 있었던 것도 아닙니다.

하지만 성령은 주님의 말씀에 순종해 나아가는 그들의 길을 바꾸셨습니다. 이것은 우리가 말씀 안에서 지혜를 구하며 우리 편에서 한 선택을 곧 하나님의 인도하심과 동일시할 수는 없다는 것을 보여 줍니다. 그것이 전부가 아닙니다. 바울의 삶이 그러했듯 우리 삶의 여정에서도 하나님이 주도자로 계십니다.

우리는 선교나 교회의 크고 작은 사역들에서 바울이 보여 준 모범적인 태도와 과정을 본받아 중요한 일을 지혜롭게 결정하고 행하고자 해야 합니다. 그러나 그와 함께 우리가 반드시 기억해야 할 사실은, 그렇게 내린 우리의 결정이 전부가 아니라는 것입니다. 그 결정을 곧 하나님이 인도하신 결과로 단정할 수는 없다는 것입니다. 하나님은 바울의 여정을 주도적으로 인도하셨습니다. 이것은 아주 중요한 문제입니다.

우리의 부족함에도 주님이 인도하신다

우리의 판단과 결정은 부족함이 있을 수 있습니다. 우리 중에는 하나님의 뜻을 옳게 분별해 결정을 내릴 만큼 영적으로 충분히 성숙하지 않은 사람도 있을 수 있습니다. 또한 도덕적으로 문제가 없는 선택이라도 미래를 알 수 없는 우리의 결정에는 크고 작은 부족함이 언제든 있을 수 있습니다.

하지만 중요한 것은 우리가 부족함과 실수가 있는 판단과 결정을 내리며 살아감에도 하나님이 우리를 인도하신다는 사실입니다. 가장 좋은 것과 필요한 것을 온전히 알지 못하는 중에 결정하며 사는 우리의 조건 속에서도 하나님은 주권적인 뜻을 따라 하나님이 이루고자 하시는 목적대로 우리의 삶을 주도하십니다.

우리를 인도하시는 하나님의 방법은 그분의 무한한 지혜만큼이나 무궁무진합니다. 다윗은 이렇게 고백합니다.

"하나님이여 주의 생각이 내게 어찌 그리 보배로우신지요 그 수가 어찌 그리 많은지요"(시 139:17).

우리를 향한 하나님의 보배로운 생각은 그 수를 헤아릴 수 없을 만큼 많고, 또 다양합니다. 우리는 선택의 길목에서 잘못된 결정을 하면 보통 그로 인해 어려움을 겪게 됩니다. 하지만 그럼에도 하나님은 우리의 옳은 결정뿐만 아니라 그릇된 결정을 통해서도 우리의 삶을 주도하시어 하나님의 뜻대로 우리를 이끄십니다. 그렇기 때문에 우리는 성경에 근거한 지혜를 발휘해서 결정을 내리고 행하는 것을 하나님의 인도하심과 동일시하는 주장을 수용할 수 없는 것입니다.

우리의 자유에 큰 비중을 둔 이런 주장은 듣기 좋고 그럴듯합니다. 하지만 잘 생각해 보십시오. 지금 우리가 오늘과 같은 모습에 이르게 된 것이 과연 우리가 항상 옳은 결정을 했기 때문일까요? 그렇지 않습니다. 우리가 누리는 현재라는 상황은 하나님이 우리를 주권적으로, 그리고 신실하게 인도하셨기 때문에 주어진 것입니다. 비록 우리는 그 과정을 다 헤아리고 이해할 수 없지만, 분명히 그렇다는 사실만큼은 깨달아야 합니다.

우리는 우리의 인생 끝에 하나님의 품에 안길 때 "내가 하나님의 뜻대로 판단하고 결정해 이곳에 이르렀다"라고 말하지 않을 것입니다. 오직 "주께서 나를 인도하셔서 이곳에 있게 되었습니다"라고 고백하게 될 것입니다. 찬송 작가 패니 크로스비(Fanny Crosby)는 모든 신자가 결론적으로 그렇게 말하게 될 것이라고 노래했습니다. 새찬송가 384장 "나의 갈 길 다 가도록"의 마지막 절 가사는 이렇습니다.

"나의 갈 길 다 가도록 예수 인도하시니
그의 사랑 어찌 큰지 말로 할 수 없도다
성령 감화 받은 영혼 하늘나라 갈 때에
영영 부를 나의 찬송 예수 인도하셨네

영영 부를 나의 찬송 예수 인도하셨네."

우리가 하늘나라에 이르러 영원토록 부를 찬송은 "주님이 나를 여기까지 인도하셨도다!"라는 고백이 되리라는 것입니다. 주님의 보좌 앞에서 우리는 모두 그렇게 고백하게 될 것입니다.

기다리게 하심

우리는 다양한 삶의 환경과 처지 가운데서 우리를 인도하시는 하나님, 우리 주 예수 그리스도께 계속 마음을 두어야 합니다. 우리가 마주하는 다양한 환경과 경험 속에서 우리를 인도하시는 하나님께 초점을 맞추고 살아가는 것은 정말 중요합니다. 특히 우리는 때때로 우리로서는 도저히 어찌해야 할지 알 수 없을 정도로, 다만 하나님의 인도하심만을 기다려야 하는 상황에 처하기도 합니다. 그럴 때 우리는 더더욱 우리를 인도하시는 하나님을 생각해야 합니다.

하나님의 인도하심에는 우리를 기다리게 하시는 것도 포함됩니다. 하나님은 우리가 일상적인 삶을 살 때도, 그리고 일상적이지 않은 특별히 어려운 현실과 복잡한 문제를 만났을 때도 하나님의 말씀 안에서 지혜를 구하고 신뢰할 만한 사람들의 조언을 통해 하나님의 인도하심을 경험하게 하십니다.

　그러나 이런 것들을 삶에 적용하려 해도 자신이 처한 상황과 문제가 너무 압도적이어서 아무것도 할 수 없다고 느껴질 때가 있습니다. 고난과 슬픔, 그리고 고통 속에서 하나님의 인도하심과 그분의 뜻이 전혀 보이지 않고, 오히려 자기 인생의 길이 끊긴 것으로 보이는 상황입니다. 바로 그때 우리에게 허락하시는 하나님의 인도하심은 우리의 목자 되신 주님을 기다리는 것입니다. 주님은 때때로 우리로 하여금 그분을 기다리게 하십니다.

　예레미야애가 말씀이 이 사실을 잘 말해 줍니다. 예레미야 선지자는 고난과 슬픔 속에서도 하나님이 어떤 분이신지, 그분의 성실하심이 얼마나 큰지를 알고 있었습니다. 그럼에도 그는 지금 하나님의 인도하심을 현실적으로 보지 못하는 가운데 하나님을 기다렸습니다.

　우리는 상황이 힘들고 어려우면 답답하고 막막한 마음에, 하나님이 우리를 버리지 않으시고 인도하신다는 사실을 잊고 망아지처럼 날뜁니다. 하나님을 기다리기보다는 성급함을 드러내는 것입니다. 그렇게 함으로써 하나님의 인도하심을 따르지 않고 곁길로 가기도 합니다.

　하나님의 인도하심을 신뢰하고 따르는 신자에게 있는 이러한 성급함은 반드시 다루어져야 합니다. 성급함을 다루지 않고 길들여지지 않은 야수처럼 계속 요동하면 하나님의 인도하심을 거스르는 우리의 죄악 된 본성이 더욱 굳어집니다. 그래서 하나님은 우리에게 기다려야 할 상황과 경험들을 허락하심으로써 우리의 성급함을 깨뜨리십니다. 하나님의 인도하심 중에는 하나님이 우리의 성급함을 깨뜨리시는 일도 있는 것입니다. 기다리게 하심으로써 우리의 성품을 다루시는 것입니다.

하나님은 우리를 인도하시는 모든 과정을 통해 궁극적으로는 우리 안에 변화를 이루고자 하십니다. 곧 아들의 형상을 닮게 하시는 것입니다. 이것이 하나님의 목적입니다. 이와 같은 목적을 이루기 위해 하나님을 신뢰하지 않는 성급함은 꼭 다루어져야 하는 내면입니다.

그런데 많은 사람이 잘 기다리지 못합니다. 성급함을 드러내며 자기에게 도움이 될 만한 온갖 수단을 찾아 두리번거립니다. 인도하시는 하나님이 계시다는 사실을 망각하고서 말입니다. 성급함이 다루어지지 않고서는 하나님의 아들의 형상을 닮아 갈 수 없기 때문에 하나님은 우리를 기다리게 하십니다.

야곱을 보십시오. 그는 일생을 성급함 가운데 살았습니다. 하나님께 서원한 일이나 아내를 얻는 과정 등이 모두 그의 성급함을 보여 줍니다. 그럼에도 하나님은 계속해서 야곱을 보호해 주셨습니다. 그런데 하나님은 브니엘에서 야곱의 성급함을 꺾으셨습니다. 야곱은 허벅지 관절을 다쳐서 절뚝거리게 되었습니다. 성급함이 죽은 징표를 가지고 살아가게 된 것입니다. 하나님은 야곱의 성품을 다루시는 과정에서 우선 그의 성급함을 꺾으셨습니다.

하나님은 우리가 하나님의 인도하심을 분명하게 볼 수 없을 때도 우리가 볼 수 없는 방식으로 우리를 인도하고 계십니다. 그리고 그 인도하심 가운데 하나님의 거룩하신 뜻을 이루십니다. 사면초가에 빠진 야곱을 다루시어 그의 성급함을 깨뜨리시고 그를 향한 거룩하신 뜻을 이루셨듯이, 우리에게도 그렇게 일하십니다. 흥미로운 사실은 그러한 하나님의 역사가, 우리 입장에서는 하나님의 도우심이 보이지 않는 극심한 고난 가운데 있게 된다는 것입니다. 그야말로 하나님을 신뢰하는 것 이외에는 아무것도 할 수 없는 답답한 상황 가운데 있을 때 하나님은 우리의 성급함을 죽이시고 하나님을 기다리는 법을 배우게 하십니다.

야곱만 아니라 요셉 역시 젊은 시절 막막한 상황과 사건들을 통해서 이와 같은 하나님의 다루심을 경험했습니다. 하나님을 기다릴 수밖에 없는 여러 과정을 통해 그의 성품이 변화된 것입니다.

요셉이 자신을 노예로 팔았던 형들을 다시 만났을 때 "하나님이 나를 먼저 인도하셔서 이곳으로 오게 하셨다"라고 말할 수 있었던 것은 하나님이 그 과정을 통해 그를 변화시키셨기 때문입니다. 변화됨 없이는 할 수 없는 고백인 것입니다. 형들을 향한 막연한 관대함의 말이 아니었습니다. 요셉은 먼저 하나님이 두신 상황 속에서 자신의 성급함이 깨어졌고, 하나님을 기다리는 법을 배웠습니다. 그처럼 하나님이 다루시는 과정 가운데 자신이 배운 바를 말한 것입니다.

하나님을 기다리는 시간은 우리로 하여금 지금도 계속되고 있는 (그러나 우리 눈에 보이지 않는) 하나님의 인도하심을 보고 싶어 하도록 만드는 시간입니다. 이 기다림은 고통과 고난의 어두운 터널에서 보이는 것이 없을 때 우리가 갖게 되는 신앙 행위입니다. 하나님의 인도하심을, 무엇보다 인도하시는 우리의 하나님을 보기를 갈망하는 것입니다. 하나님은 우리 안에 이런 마음을 온전히 이루기 위해 기다림의 시간을 허락하십니다. 그로써 우리의 성급함을 다루시는 것입니다.

잠잠히 하나님만

시편 62편 기자는 이러한 하나님의 기다림에 대해 고백합니다.

"나의 영혼이 잠잠히 하나님만 바람이여 나의 구원이 그에게서 나오는도다……나의 영혼아 잠잠히 하나님만 바라라 무릇 나의 소망이 그로부터 나오는도다"(시 62:1, 5).

여기에서 '잠잠히'라는 말은 '아무 말 없이 조용하게'라는 의미입니다. 자기에게 주어진 현실, 당면한 문제와 고통 속에서 아무 말 없이 오직 하나님만 기다린다는 것입니다. 비명이라도 지르고 싶은 고통 속에서 하나님만을 기다리며 아무 말도 하지 않는 것입니다.

　이것은 결코 쉬운 일이 아닙니다. 이런 태도는 단순히 침묵 수양이나 극기 훈련으로 갖게 되는 것이 아닙니다. 아무것도 보이지 않는 막막한 현실 가운데 놓이게 되면 우리의 본성은 거칠게 요동합니다. 그러나 바로 그때에 주님은 우리가 우리 자신의 지혜와 능력의 한계 속에서 오직 하나님만을 의지할 수밖에 없음을 깨닫게 하십니다. '잠잠히 하나님만' 바라는 것은 바로 이러한 주님의 다루심을 통해 갖게 되는 태도입니다.

　우리는 기다림을 배워야 합니다. 답답한 현실에서 거친 본성을 쏟아 내는 대신 경외심에 찬 기다림을 배워야 합니다. 그렇지 않으면 우리는 시편 기자와 같이 "나의 구원이 그에게서 나오는도다!", "나의 소망이 그로부터 나오는도다!"라고 고백하지 못합니다.

　마틴 로이드존스(Martyn Lloyd-Jones)는 로마서 3장을 강해하면서 다음과 같이 말합니다.

어떤 사람이 그리스도인인지 아닌지를 어떻게 알 수 있습니까? 그 답은 그의 입이 닫혀 있다는 것입니다. 나는 복음의 이러한 솔직함이 좋습니다. 사람들은 자기 입을 다물고 말을 멈춰야 할 필요가 있습니다. 그들은 쉴 새 없이 하나님에 대해서 떠들어 대고 비판하고 하나님이 할 일과 하지 말아야 할 일에 대하여 거들먹거리며 말합니다. 그리고 "하나님은 왜 이러저러한 일들이 있도록 내버려 두시는가?"라고 묻곤 합니다. 당신의 입이 닫히고 멈춰져서 할 말이 없어지기 전에는 아직은 그리스도인으로 출발했다고 할 수 없습니다.[1]

우리가 그리스도인이 된 것은 요동하는 마음을 따라 교만하고 완악한 말들을 쏟아 내지 않게 되었을 때 알 수 있다는 의미입니다. 이는 어떤 특정한 시기뿐만 아니라 우리의 삶에서 지속적으로 가져야 하는 태도입니다. 거룩하신 하나님의 인도하심에 대해 답답함과 성급함을 드러내며 이런 이유, 저런 이유로 잠잠히 기다리지 못하고 결국 범죄하는 어리석은 자가 되지 말아야 합니다.

그러나 예수님을 믿는다는 사람들 중에 상당히 많은 이가 자신의 답답한 상황 가운데서 하나님을 기다리지 못하고 입술로 쉽게 범죄합니다. 불평하고 원망하는 성급함을 드러냅니다.

우리가 하나님을 기다린다는 것은 수동적으로 가만히 있으면서 아무 일도 하지 않는 것을 뜻하지 않습니다. 비록 상황이 막막할지라도 하나님을 신뢰하며 하나님이 그분의 인도하심을 나타내 주시기를 기다리는 것입니다. 요셉처럼 하나님을 신뢰하는 마음을 붙들고 그때를 지나는 것입니다. 다윗은 시편 37편에서 바로 이러한 기다림에 대해 정확하게 말합니다.

"여호와 앞에 잠잠하고 참고 기다리라 자기 길이 형통하며 악한 꾀를 이루는 자 때문에 불평하지 말지어다"(시 37:7).

설령 악인들은 형통하고, 오히려 하나님의 뜻을 따라 살려고 하는 자신에게는 힘든 일이 닥치는 현실 가운데 있다 하더라도 안달하거나 성급함을 드러내지 말라는 의미입니다. "왜 하나님은 약속하신 복들을 허락하지 않으시는가?", "왜 그 풍요로움을 우리에게는 주지 않으시는가?", "왜 의인들이 악인들보다 못한 삶을 사는가?"라고 불평하며 안달하지 말라는 것입니다.

성경은 "여호와 앞에 잠잠하고 참고 기다리라"라고 말합니다. 그리고 뒤이어 "분을 그치고 노를 버리며 불평하지 말라 오히려 악을 만들 뿐이라 진실로 악을 행하는 자들은 끊어질 것이나 여호와를 소망하는 자들은 땅을 차지하리로다"(시 37:8-9)라고 이야기합니다.

신자의 기다림은 막연히 참는 것이 아닙니다. 우리는 여호와를 소망하며 기다리는 자들입니다. 이해할 수 없는 상황과 현실에서도 우리를 인도하시는 하나님을 소망하면서 말입니다. 잊지 마십시오. 하나님은 어제나 오늘이나 한결같은 우리의 목자이십니다. 그리고 그분이 목자로 계신 이상 우리가 처한 답답한 현실, 막막한 상황은 하나님을 기다리는 시간으로 허락된 것입니다. 인도하시는 하나님을 더욱 깊이 경험하는 시간입니다.

그러므로 우리의 기다림은 힘들지언정, 결코 막연히 견디는 것이 아닙니다. 우리의 기다림에는 하나님을 향한 기대가 있습니다. 그것이 주님의 양들이 가진 힘이요 복입니다. 당장 인도하심이 보이지 않더라도, 이 문제와 상황을 지나 복된 결론을 주실 하나님을 기억하십시오. 하나님의 인도하심을 생생하게 경험할 것을 기대하십시오.

기다림의 싸움

물론 우리가 하나님 앞에서 잠잠히 기다릴 때 우리는 큰 씨름을 합니다. 그 과정은 결코 쉽지 않습니다. 세상과 육신과 마귀의 유혹이 거셀 것입니다. 세상에 대하여, 육신에 대하여, 마귀에 대하여 영적인 싸움을 싸워야 합니다. 우리의 죄악 된 본성이 꿈틀대어 온갖 허망한 생각이나 미래에 혹 있을지 모를 일에 대한 염려가 떠오르고, 많은 유혹이 내면에 일어나 여러 갈등을 겪게 될 것입니다.

하지만 우리는 우리가 기다리는 하나님의 인도하심이 어떠한 것인지를 잊지 말아야 합니다. 우리가 기다리는 하나님의 인도하심은 현재 당면한 문제의 해결 정도를 위한 것이 아닙니다. 우리는 영원하신 하나님이 우리에게 자신을 드러내시고 우리를 친히 인도하고 계시다는 것을 생생히 나타내시기를 기다립니다. 요셉에게 그러하셨듯이,

하나님은 고난 중에도 자기를 기다리며 의지하는 자들의 삶 속에 거룩한 뜻을 이루심으로써 자신을 드러내십니다.

그러나 우리는 내 문제, 내 현실에만 갇혀 거기서 내가 원하는 결과를 얻음으로써만 하나님을 보려 합니다. 나의 원함대로 되지 않으면 하나님의 인도하심도 없고 하나님도 계시지 않는 것처럼 생각합니다. 우리를 거룩함과 성숙으로 이끄시고, 우리를 통해, 또 우리의 삶 가운데 거룩하신 뜻이 이루어지게 하시며, 마침내 우리를 본향으로 인도하시는 하나님을 알지 못하고 지극히 작은 틀 안에서만 생각하는 것입니다.

우리를 인도하시는 하나님은 항상 변함이 없으십니다. 문제는 항상 우리에게 있습니다. 우리는 조금만 문제가 생기면 성급한 마음으로 불안해하고 조급하게 굽니다. 쉬이 두려워하고 불신앙에 빠지기까지 합니다. 과거 광야의 이스라엘 백성과 같이 기다리지 못합니다.

"그러나 그들은 그가 행하신 일을 곧 잊어버리며 그의 가르침을 기다리지 아니하고 광야에서 욕심을 크게 내며 사막에서 하나님을 시험하였도다 그러므로 여호와께서는 그들이 요구한 것을 그들에게 주셨을지라도 그들의 영혼은 쇠약하게 하셨도다"(시 106:13-15).

이스라엘 백성은 하나님이 전에 행하신 일을 잊어버리고 하나님의 가르침과 인도하심을 기다리지 않았습니다. 하나님의 인도하심을 신뢰하지 않았습니다. 그들은 현재 눈에 보이는 문제와 상황이 마치 전부인 양, 먹을 고기가 없는 광야의 현실이 전부인 양, 그런 상황에 마음을 온통 빼앗겨 하나님을 기다리지 못하고, 오히려 그분을 시험했습니다. 그 결과 그들은 하나님의 인도하심 속에 있는 안식과 풍요를 누리지 못했습니다. 하나님의 인도하심 가운데 누릴 수 있는 부요함을 누리지 못한 것입니다.

이처럼 오늘날에도 예수님을 믿는다고 하는 사람들 중에 하나님의 인도하심을 받는 양의 특권을 누리지 못하는 이들이 있습니다.

양의 교만

하나님을 기다릴 때 우리 편에서 문제가 생기는 이유 중 하나는 우리가 알 수 없는 하나님의 뜻, 곧 그분의 주권적인 섭리와 인도하심을 좀처럼 수용하지 못한다는 데 있습니다. 하나님이 주권과 섭리 가운데 우리에게 주신 환경과 상황을 수용하지 않고, 도리어 불평하고 원망하는 것입니다. 우리가 처한 상황은 하나님의 주권적인 뜻 가운데 허용되어 있게 된 것입니다.

가정환경, 교우 관계, 직장의 상황, 뜻밖의 질병이나 자녀들의 장애 등 우리를 둘러싼 모든 것은 하나님의 주권적인 섭리와 인도하심 가운데 우리에게 주어집니다. 그런데 이와 같은 '알 수 없는 하나님의 뜻'을 수용하지 않고 하나님을 기다리지 않을 때 우리는 하나님의 인도하심을 따르지 않는 죄에 빠지게 됩니다. 삶의 여러 영역에서 불평과 비난을 일삼으며, 결국 주권적인 섭리 속에서 인도하시는 하나님을 못마땅하게 여기고 하나님의 인도하심을 거스르는 것입니다.

경건한 욥도 처음에는 인내하다가 나중에는 이러한 실수를 했습니다. 가정이 엉망이 되고 모든 소유와 건강까지 잃어버린 현실과 그로 인한 고통 속에서 자신이 볼 수 없는 하나님의 주권적인 섭리에 의문을 제기하고 하나님을 탓한 것입니다. 자신의 부패한 본성을 드러낸 것입니다.

그것을 두고 후에 하나님은 "트집 잡는 자가 전능자와 다투겠느냐 하나님을 탓하는 자는 대답할지니라"(욥 40:2)라고 말씀하셨습니다. 욥을 '트집 잡는 자'라 하시며 "네가 나를 탓하는 것이냐? 대답하라"라고 하신 것입니다. 이에 욥은 돌이켜 "나는 깨닫지도 못한 일을 말하였고 스스로 알 수도 없고 헤아리기도 어려운 일을 말하였나이다"(욥 42:3)라고 하며, "그러므로 내가 스스로 거두어들이고 티끌과 재 가운데에서 회개하나이다"(욥 42:6)라고 고백했습니다. 그것이 회개해야 할 내용임을 깨달은 것입니다.

이처럼 우리가 처한 환경 속에서 섭리로 역사하시는 하나님, 그 가운데에서 기다리게 하시는 하나님을 탓하고 불평함으로써 죄를 범한 것은 회개해야 할 내용입니다. 하나님의 인도하심을 자신이 원하는 소원이나 들어주시는 것 정도로만 생각해 '왜 내게 이런 일이 일어나는 것인가?'라는 불만에 빠져 있는 것은 하나님 앞에 교만입니다.

시편 23편은 목자 되신 하나님의 선하신 인도하심을 말하는 가운데 '사망의 음침한 골짜기'를 이야기합니다(시 23:4). 그런 길을 지나갈 때가 있다는 의미입니다. 우리가 알지 못하는 하나님의 주권적인 뜻에 따른 인도하심 가운데는 사망의 음침한 골짜기 같은 길을 지날 때도 있습니다. 양들은 이 골짜기를 지나가고 싶어 하지 않습니다. 하지만 목자는 앞에 있을 일들을 내다보며 양들을 데려가는 것입니다. 주권적인 뜻에 따른 인도입니다. 우리는 푸른 풀밭에 있을 때만 아니라 사망의 음침한 골짜기를 지날 때도 하나님의 주권적인 섭리에 따른 그 인도하심을 받아야 하는 것입니다.

하나님은 지금도 선하시다

하나님을 기다릴 때 우리가 드러내는 문제는 이것만이 아닙니다. 많은 사람이 힘겨운 상황을 지날 때 선하신 하나님에 대한 이해가 왜곡되고 신뢰를 잃어버립니다. 물론 하나님을 기다려야 하는 상황에서는 하나님의 선하심에 대한 강력한 의심이 일어나기 마련입니다. 그러나 자신이 인식하는 현실만 가지고 생각하는 것은 심히 어리석은 일입니다. 하나님의 인도하심을 구하는 자는 성경으로부터 하나님의 선하심을 보아야 합니다. 과거로부터 지금까지 자기 백성을 인도해 오신 하나님의 선하심과 인자하심을 보아야 합니다. 시편 107편의 고백이 바로 그렇습니다.

"여호와께 감사하라 그는 선하시며 그 인자하심이 영원함이로다" (시 107:1).

하나님은 근본적으로 선하심을 가지고 우리를 인도하십니다. 이 사실을 깨닫지 못하면 우리가 하나님을 바라보는 시선이 왜곡됩니다. 그러나 우리가 당한 현실이 합리적으로 이해가 되지 않아 보일 때도 우리를 인도하시는 하나님은 선하신 분입니다. 우리의 믿음이 여기에 미쳐야 합니다.

아브라함에게 그의 독자 이삭을 번제물로 바치라는 하나님의 명령은 이치에 맞지 않게 들렸습니다. 이러한 명령은 하나님의 선하심을 아는 자로서는 더더욱 이해하기 어려웠습니다. 그런데 아브라함은 하나님이 선하신 분이면 궁극적으로 선하신 뜻을 이루실 것을 믿었습니다. 지금까지 아브라함은 여러 힘든 과정을 지나면서 하나님의 선하신 약속은 폐하지 않는다는 사실을 경험해 왔습니다.

실제로 하나님이 아브라함에게 독자 이삭을 바치라고 하셨을 때도, 그분은 궁극적으로 독생자 예수 그리스도, 아브라함의 후손으로 오실 하나님의 아들을 통해서 이루실 일을 계시하신 것입니다. 비록 아브라함은 그 뜻을 다 이해할 수 없었지만, 하나님의 선하심을 의심하지 않고 그 명령에 순종했습니다.

이와 같이 우리도 하나님의 선하심을 의심하지 맙시다. 하나님의 선하심은 우리가 확신해도 되는 분명한 사실입니다. 우리를 인도하시는 하나님은 분명히 선하신 분입니다. 우리는 아직 그 인도하심의 결론을 보지 못하지만, 결국 보게 될 것입니다. 우리 하나님의 선하심을 말입니다. 그야말로 '모든 것이 합력하여 선을 이루게 하시는 것'이 무엇인지 확인하게 될 것입니다. 현실 때문에 하나님의 선하심이 의심스러울 때마다 로마서 8장에서 바울이 한 말을 기억하십시오.

"자기 아들을 아끼지 아니하시고 우리 모든 사람을 위하여 내주신 이가 어찌 그 아들과 함께 모든 것을 우리에게 주시지 아니하겠느냐"(롬 8:32).

우리 하나님의 선하심은 이와 같습니다! 하나님은 우리를 위해 아들을 주심으로써 자신의 선하심을 보증하셨습니다. 최고의 것으로 보증하셨습니다. 이 사실을 주목하십시오! 우리를 인도하시는 하나님은 그 아들과 함께 모든 것을 우리에게 주시는 선하신 분입니다. 그 선하신 뜻 안에서 주권적으로 우리를 인도하시는 가운데 현재 상황도 허락된 것임을 기억하십시오.

그러므로 아무리 상황이 어렵고 현실이 막막해도 그것은 끝이 아닙니다. 현재 상황은 하나님이 자신의 선하심을 드러내시기 위한 과정 중인 것입니다. 하나님의 인도하심에는 분명하고 선한 목적이 있습니다. 하나님의 인도하심은 단순히 우리의 성급한 원함을 채우시기 위한 것이 아니라, 우리를 그 아들의 형상으로 빚으시기 위한 것입니다. 그래서 하나님이 우리를 인도하시는 가운데 우리의 성급함을 깨뜨리시고 기다리게도 하시는 것입니다.

우리에게 이러한 신앙 인격이 형성되는 데는 보통 오랜 시간이 걸립니다. 사람의 성급함은 쉽게 깨지지 않습니다. 젊었을 때 깨지지 않으면, 나이가 들면 더욱 깨지기 어렵습니다. 예레미야가 "사람은 젊었을 때에 멍에를 메는 것이 좋으니"(애 3:27)라고 말한 것도 그런 이유에서입니다. 늙어서는 육체가 쇠해 힘이 없어서 성급하게 행하지 못할 뿐이지, 깨지지 않은 본성의 성급함은 그대로 살아 있습니다. 일찍 깨져야 합니다.

욥처럼, 요셉처럼 시간이 오래 걸리는 하나님의 인도하심 가운데 있을 때도, 그것이 우리의 인격과 성품의 변화를 이끌어 내는 일임을 알아야 합니다. 하나님은 이 모든 일을 통해 궁극적으로 선을 이루실 것입니다.

서두르지 않고 자신의 뜻을 이루시는 하나님

우리는 빨리 상황이 개선되고 고통이 경감되기만을 원합니다. 하지만 하나님은 놀라운 끈기와 인내를 가지고 우리가 알 수 있는 방식과 알 수 없는 방식을 함께 사용하시어 우리를 인도하십니다. 우리의 고질적인 성급함과 교만함, 거친 본성으로 인해 더 답답하실 분은 하나님이십니다. 그러나 하나님은 우리가 완전히 좌절하지 않도록 위로하기도 하시고, 다시 기회를 주기도 하시며 우리를 인도하십니다. 우리를 향한 선하신 뜻을 이루어 가십니다. '이 일만 해결되면 좋겠다' 하는 순간들을 계속 지나게 하시며 서서히 우리의 고집스러운 자아가 깨지게 하시고 아들의 형상을 닮게 하십니다. 우리는 이런 하나님의 인도하심을 경험하며 그 선하심에 놀라며 찬송하게 되는 것입니다.

우리를 인도하시는 하나님은 서두르지 않으십니다. 어떤 급한 일이 있으면 '일단 빡세게 기도해서 응답받자'라는 식의 단편적인 신앙에 머무르지 마십시오. 하나님은 그런 '빡센 기도'에 좌우되실 만큼 얄팍한 분이 아니십니다. 우리는 하나님의 뜻을 구해야 합니다. 하나님이 그분의 주권적인 뜻을 이루시기를 구해야 합니다. "주님, 저는 지금까지 주님의 말씀을 거스르며 살아왔습니다. 주님의 뜻과 말씀하신 것을 따르겠습니다." 우리의 기도가 이와 같아야 합니다.

당장의 힘든 현실에 함몰된 사람들이 있다면 이처럼 '서두르지 않으시는 하나님의 인도하심'에 눈을 떠야 합니다. 그리고 그 가운데 있는 하나님의 선하심을 보아야 합니다. 우리의 눈이 뜨이면 전에는 이해하기 어려웠던 하나님의 주권적인 뜻에 따른 인도하심 안에서 만족하며 안식할 수 있게 됩니다. 내가 볼 수 없고, 알지 못할 때도 쉬지 않으시고, 오히려 그 모든 상황 속에서 나를 다루시고 그 아들의 형상으로 빚어 가시는 하나님으로 인해 위로와 힘을 얻을 수 있습니다. 하박국 선지자와 같이 상황이 전혀 변하지 않더라도, 심지어 지금보다 더 좋지 않은 미래가 다가온다 해도 하나님의 주권적인 뜻에 따른 인도하심을 앎으로 안식하고 즐거워할 수 있습니다.

눈을 들어 하나님을 바라보라

하나님의 뜻에 따른 인도하심은 궁극적으로 우리를 거룩하게 하며 아들의 형상을 닮게 합니다. 또한 하나님의 선하심을 알게 하고 보게 합니다. 하나님이 하나님 자신을 우리에게 보이시는 것입니다. 힘이

들면 하나님을 바라보려 하지 않는 우리에게 하나님은 기다림의 과정을 허락하심으로써 우리의 성급함을 깨뜨리시고 하나님의 선하심을 보게 하십니다. "하나님, 제가 왜 이러한 하나님의 뜻을 알지 못했을까요? 제가 어리석었습니다"라고 고백하며 신비롭고 은혜로운 하나님의 인도하심을 깨닫게 하십니다.

이해할 수 없는 때에라도 하나님의 선하심을 믿으십시오. 그 선하심이 나타날 것을 기대하십시오. 성경에 나오는 믿음의 선배들은 모두 그처럼 선하신 하나님의 인도하심을 믿고 경험하며 자신의 인생을 살았습니다. 그리고 그들을 따라 교회 역사 속 신실한 그리스도인들이 모두 그러한 삶을 살았습니다. 우리도 그 뒤를 따르고 있는 것입니다. 하나님이 인도하신다고 믿을 수 없을 만큼 막막한 상황에 있든, 아니면 인생이 무료하게만 느껴지는 상태에 있든 이 말씀을 기억하십시오.

"내가 산 자들의 땅에서 여호와의 선하심을 보게 될 줄 확실히 믿었도다 너는 여호와를 기다릴지어다 강하고 담대하며 여호와를 기다릴지어다"(시 27:13-14).

강하고 담대하게 여호와를 기다리십시오. 왜냐하면 우리는 곧 산 자들의 땅에서 여호와의 선하심을 보게 될 것이기 때문입니다. 우리는 결국 하나님의 선하심을 볼 것입니다. 하나님은 자신의 인도하심을 통해 하나님의 선하심을 우리에게 보이십니다. 이와 같은 인도하심을 받는 것이 신자의 특권입니다.

믿음을 가지십시오. 여기에서 실패하고 넘어지지 마십시오. 믿어도 됩니다. 우리의 최종적인 결론은 하나님의 선하심입니다. 하나님이 끝까지 인도하실 것입니다. 지금 보는 것만 가지고 함부로 하나님을 판단하지 마십시오. 아직 결론이 남아 있습니다. 우리는 호흡을 거둔 후에라도 마침내 보게 될 것입니다. 보좌에 앉으신 하나님과 어린양께 승리의 찬송을 올려 드릴 것입니다(계 5:13). 구원하심의 복됨과 영광스러움을 감사하며 찬양하게 될 것입니다. 하나님의 궁극적인 선하심, 그 완전하고 영원한 선하심을 보게 될 것입니다. 그러니 강하고 담대하게 선하신 하나님을 기다리십시오!

05

신비 _
고통 중에도 함께하시는 인도자

The LORD who guides

"기약이 이르면 하나님이 그의 나타나심을 보이시리니
하나님은 복되시고 유일하신 주권자이시며
만왕의 왕이시며 만주의 주시요
오직 그에게만 죽지 아니함이 있고 가까이 가지 못할 빛에 거하시고
어떤 사람도 보지 못하였고 또 볼 수 없는 이시니
그에게 존귀와 영원한 권능을 돌릴지어다 아멘"

(딤전 6:15-16).

끝까지
인도하시는
하나님

세상 역사를 주관하시는 우리의 인도자

우리를 인도하시는 하나님은 때때로 우리를 기다리게 하십니다. 하나님이 우리를 기다리게 하시는 것은 우리로 하여금 성급함을 버리고 온전히 하나님만을 바라보게 하시기 위함입니다. 이를 통해 우리는 하나님의 선하심을 알게 되고, 하나님으로 채움을 받으며, 더 나아가 그 은혜 안에서 결국 최고의 만족을 경험하게 됩니다. 비록 다른 것이 없거나 부족해도 하나님의 하나님 되심으로 만족하게 됩니다.

이 장에서는 우리가 이러한 하나님의 인도하심을 따르며 그 가운데 있는 은혜를 풍성히 누리기 위해 기억해야 할 또 한 가지 사실을 강조하고자 합니다. 그것은 '모든 상황 속에서' 우리를 인도하시는 하나님을 알고 그분을 신뢰하는 것입니다. 성경의 하나님은 우리가 처하는 모든 상황 가운데서 신뢰할 수 있고, 신뢰해야 하는 우리의 인도자이십니다.

바울은 디모데전서 6장 15절에서 디모데에게 우리를 인도하시는 하나님이 "복되시고 유일하신 주권자이시며 만왕의 왕이시며 만주의 주"이심을 분명하게 말합니다. 디모데가 맡은 사역과 삶을 끝까지 잘 감당할 것을 권하면서, 그 과정 중에 디모데가 항상 기억해야 할 하나님을 상기시켜 준 것입니다. 다시 말해, "너의 삶과 사역 속에서 기억해야 할 하나님은 복되시고 유일하신 주권자이시다! 그분은 만왕의 왕이시다! 만주의 주이시다! 너는 그 하나님을 믿고 가라!"고 말한 것입니다.

디모데에게는 육체적인 약함이 있었고, 연소한 탓에 상황과 문제들 속에서 연약한 모습을 드러내기도 했습니다. 바울은 그런 디모데에게 우리가 믿는 하나님이 어떤 분이신지를 강조해 상기시켜 준 것입니다. 디모데를 부르신 하나님의 어떠하심을 기억해 자신의 약함을 넘어 신실하게 주님과 교회를 섬기라고 한 것입니다.

디모데뿐만 아니라 우리에게도 지금의 현실과 미래의 상황보다 더 중요한 것은 바로 그 모든 것을 주관하시며 우리를 인도하시는 하나님이십니다. 그러므로 우리는 우리가 가진 약함이나 조건보다 그것들을 다 아시며 우리를 이끄시는 주권자 하나님을 더 크게 여기고 그분을 기억하며 신뢰해야 합니다.

우리는 저마다 많은 문제와 어려움을 가지고 살아갑니다. 주변에 별 문제가 없어 보이는 사람들도 알고 보면 여러 문제에 둘러싸여 살고 있습니다. 중요한 것은 그 가운데 나를 인도하시는 하나님이 복되시고 유일하신 주권자이심을 믿고 있느냐는 것이요, 그분이 만왕의 왕이시며 만주의 주이신 것을 신뢰하느냐는 것입니다.

하나님은 성경이 증언하듯, 온 세상 역사를 주관하시는 분이며 그 가운데 살아가는 하나님의 백성 한 사람, 한 사람을 인도하시는 분입니다. 하나님은 아브라함을 인도하셨고, 야곱을 인도하셨으며, 요셉을 인도하셨습니다. 그 외에도 수많은 주의 백성을 인도하셨습니다. 그러므로 이 땅을 살아가는 하나님의 백성에게 무엇보다 필요한 것은 바로 그 하나님을 신뢰하는 것입니다.

고난과 역경 속에서도 신뢰하는가

하나님을 신뢰한다는 것은 단순히 입술로 "신뢰합니다"라고 말하는 것과는 다릅니다. 말로 신뢰를 표현하기는 쉽습니다. 하지만 암을 진단받았을 때, 반항하는 십 대 자녀들 때문에 속이 상할 때, 결혼생활이 불행하게만 느껴질 때, 직장을 잃고 생활고를 겪을 때, 또한 간절히 원하는 바가 세월이 지나도 이루어지지 않을 때 그 모든 상황을 주관하시는 하나님을 여전히 의지하는 것은 말로 "신뢰합니다"라고 하는 것과는 분명히 다른 일입니다.

그런 위기의 때에 우리에게는 낙심과 실망과 절망에 빠지거나 고통 가운데 신음하며 원망과 불평을 쏟아 내는 일이 더 흔하고 익숙합니다. 특히 자신을 괴롭히는 문제가 잠깐이 아니라 오래도록 계속될 때, 일상에서 스트레스와 짜증을 유발하는 일들이 반복될 때 우리는 종종

'하나님이 그 모든 것을 주관하시며 우리를 인도하신다'는 사실이 마음에 와 닿지도 않고, 신뢰하는 마음도 잃어버리곤 합니다. 그리고 작고 하찮은 문제들에도 흔들리며 힘들어합니다.

하나님을 향한 신뢰는 추상적으로 생각할 일이 아닙니다. 우리는 이에 대해 정직하게 물어야 합니다. 우리가 직면하는 바로 그 크고 작은 문제들 앞에서 "과연 나는 온 세상의 주권자이신 하나님을 신뢰하고 있는가?" 하고 진지하게 물어보아야 합니다.

교회를 다니는 사람들 중 상당수는 예수님을 잘 믿으면 삶의 어려움과 고통을 피할 수 있다고 생각합니다. 그러나 성경은 그렇게 말하지 않습니다. 아브라함이나 요셉, 바울을 보십시오. 그들은 하나님의 백성이었지만 똑같이 삶의 고통과 괴로움을 경험했습니다. 하나님의 백성이라고 해서 세상 사람들이 당하는 고통을 겪지 않는 것은 아닙니다. 오히려 더 자주, 그리고 더 심하게 고통당하는 경우도 많습니다. 그것은 우리가 정하거나 선택할 수 있는 일이 아닙니다. 오직 하나님의 주권적인 뜻에 따라 있는 일입니다.

욥을 보십시오. 그는 의인이었고, 또한 당대 최고의 갑부였습니다. 그런데 순식간에 모든 재산을 잃었습니다. 사랑하는 자식들도 다 잃었습니다. 심지어 온몸에 종기가 나서 그 헌데를 기왓장으로 긁어야 했습니다. 그나마 남아 있던 아내조차도 "하나님을 욕하고 죽으라"(욥 2:9)라고 했습니다. 욥과 같은 고통을 겪은 사람은 세상 사람들 중에 거의 없습니다. 이처럼 때때로 신자는 여느 사람이 겪지 않는 심한 고통과 어려움을 경험할 수도 있습니다.

중요한 것은 우리의 인생이 평탄하냐, 그렇지 않냐가 아닙니다. 하나님이 그 모든 상황을 허락하시고 주관하심을 아는가, 그리고 그 하나님을 진실로 신뢰하는가가 중요합니다. 비록 고난과 고통이 끊이지 않을지라도 그 모든 일을 주관하며 인도하시는 하나님이 계신다는 사실을 신뢰하는 것! 이것이 성경이 우리에게 권하는 신앙입니다.

"우리의 신앙은 어떻습니까? 어떤 상황에서도 하나님을 나의 피난처로 삼아 그분을 의지하고, 또 신뢰합니까?" 이 질문을 추상적이고 막연하게 받아들이지 마십시오. 이것은 우리의 삶을 뒤흔드는 물음이 되어야 합니다. 그리고 이에 대한 대답은 견고해야 합니다. 이것이 우리를 인도하시는 하나님을 우리의 삶 속에서 풍성하고 부요하게 경험하는 길입니다.

우리 하나님은 환난 날에 자신이 부른 자들을 건지시는 분입니다. "나의 과거와 현재 경험하고 있는 모든 상황 속에서 그와 같은 하나님을 신뢰하며 붙들고 있습니까?" 이 질문에 대한 긍정은 두 가지 사실을 함의합니다. 하나는 '하나님은 정말 모든 상황 가운데 신뢰할 만한 분이시다'라는 것이고, 또 하나는 '다른 사람이 아닌 바로 내가 그 하나님을 신뢰한다'라는 것입니다.

우리는 이 두 가지 사실을 명확히 해야 합니다. '계속되는 고난 가운데 두 눈에 아무 소망의 요소가 보이지 않을 때도 온 세상의 주권자이신 하나님이 하나님의 백성과 함께하시고 끝까지 그들을 인도하신다는 사실을 믿는가?', 그리고 '다른 누군가가 아니라 바로 내가 그 하나님을 믿고 의지하는가? 요셉과 아브라함과 바울의 이야기 속에서만 아니라 고난이 있는 나의 현실 속에서도 그 하나님을 신뢰하는가?' 하는 것입니다.

우리는 우리가 얼마나 많은 시련을 겪게 될지 알지 못합니다. 우리가 겪게 될 시련과 고통이 얼마나 클지, 얼마나 지속될지, 얼마나 잦을지 알지 못하고, 그것을 결정할 수도 없습니다. 성경은 그런 조건 속에 있는 우리에게 한 가지 사실을 계속 강조합니다. 그것은 곧 그 모든 일을 주관하시고 인도하시는 주권자 하나님이 계신다는 것입니다. 그리고 그분을 믿으라는 것입니다. 이것이 양과 같이 멀리 보지 못하는 조건을 가지고 세상을 살아가는 우리에게 성경이 권하는 유일한 길입니다.

예수님이 미래를 두려워하는 제자들에게 하신 말씀도 바로 그것입니다. 예수님은 "너희는 마음에 근심하지 말라 하나님을 믿으니 또 나를 믿으라"(요 14:1)라고 말씀하셨습니다. 주님은 그들에게 어려움과 고통이 없으리라고 말씀하지는 않으셨습니다. 오히려 "세상에서는 너희가 환난을 당하나"(요 16:33)라고 말씀하셨습니다.

바울도 같은 맥락에서 우리 그리스도인들을 "하나님의 상속자요 그리스도와 함께한 상속자"라고 말한 후 "우리가 그와 함께 영광을 받기 위하여 고난도 함께 받아야 할 것이니라"(롬 8:17)라고 말했습니다. 우리는 하나님의 상속자로서 이 땅에서 구별된 삶, 경건한 삶을 살려 함으로써 죄악 된 세상에서 겪어야 하는 삶의 고단함에 더해 박해와 고난을 받습니다. 그리스도인들이 당하는 이런 일들은 예수님을 믿지 않는 사람에게는 해당하지 않습니다. 단지 예수님을 믿는다는 사실 때문에 당하는 박해와 고난이 있는 것입니다.

우리는 이처럼 모든 사람이 경험하는 세상의 악, 곧 질병이나 각종 재난, 삶의 고통에 더해 하나님의 상속자로서의 고난과 박해를 받습니다. 성경은 이 사실을 감추지 않습니다.

성도의 '믿음' 안에 있는 비밀

하지만 동시에 성경은 우리에게 있는 분명한 위로의 근거에 대해서도 말해 줍니다. 하나님이 우리가 경험하는 그 모든 고통과 아픔을 다 아시고 주관하고 계신다는 것입니다. 하나님이 고통 중에 있는 우리와 함께하시며, 자신을 희생하며 우리를 인도하신다는 것입니다.

하나님은 저 하늘에서 우리를 조종하듯 끌고 다니지 않으십니다. 히브리서 말씀처럼 이 땅에 오신 주님은 오히려 우리와 똑같이 시험을 받으신 분으로서 우리의 고통에 함께하시고 그 고통을 이해하십니다(히 4:15). 우리와 함께하며 자신을 희생하시는 가운데 우리를 인도하시는 것입니다. 성경은 바로 이러한 하나님을 "전적으로 신뢰하라"는 한 가지를 힘주어 권하고 있습니다.

성경에 기록된 믿음의 사람들은 모두 그러한 길을 갔습니다. 자신들을 인도하시는 하나님을 바라보고 그분을 신뢰하며 믿음의 삶을 살았습니다. 하나님의 주권적인 뜻을 억지로 추측하며 그것을 핑계로 자신의 책임을 회피하며 살지 않았습니다. 오히려 나아갈 바를 알지 못했으나, 하나님의 말씀을 의지하고 하나님의 인도하심을 신뢰하며 믿음으로 주어진 길을 갔던 것입니다.

반면 오늘날의 신자들은 이렇게 믿음을 발휘하는 대신 온갖 신비적인 방식을 가져다가 하나님이 제시하시는 방향을 알려고 애를 씁니다. 얄팍한 신앙을 가진 비정상적인 신자가 되는 것입니다.

성경에 나오는 믿음의 사람들을 잘 보십시오. 그들에게는 다른 비법 같은 것이 없었습니다. 히브리서 11장은 신실했던 하나님의 사람들을 열거하면서 그들의 공통적인 특징이 믿음이라고 말합니다. 여기에서 '믿음'이란 현재의 불확실함에도 하나님이 자신의 삶을 주관하시고 약속하신 바를 따라 인도하실 것을 믿는 믿음을 의미합니다.

히브리서 기자가 말하듯 믿음의 사람들은 극단적으로는 돌로 치거나 톱으로 켜서 죽임을 당하기까지 했습니다. 그럼에도 그들은 그 가운데서도 모든 것을 주관하시고 인도하시는 하나님과 그분의 약속을 신뢰하는 삶을 살았습니다. 성경은 그러한 삶을 우리가 처하는 어려운 상황과 경험들에 대한 최상의 해답으로 제시하는 것입니다.

자신이 처한 답답한 현실 가운데서 이러한 비밀을 보고 있습니까? 절규와 탄식밖에는 나오지 않는 상황 속에서도 여전히 하나님을 신뢰하며 주권자이신 하나님의 인도하심을 믿고 나아갔던 믿음의 사람들에게 있었던 바로 그 믿음의 비밀 말입니다.

사탄은 우리가 믿음의 사람들이 믿었던 하나님을 바라보고 그분의 인도하심을 보지 못하도록 방해하는 데 온 힘을 쏟습니다. 무엇보다 사탄은 우리의 눈이 보이는 답답한 현실과 문제, 고통스러운 환경과 조건들에만 집중하도록 유혹합니다. 그것은 사탄이 모든 믿음의 사람에게도 사용했고, 심지어 광야에서 예수님을 시험할 때에도 사용한 방법입니다.

사탄은 주리신 예수님께 "이 돌들에게 명하여 떡이 되게 하라"(눅 4:3) 하며 배고픈 현실에 몰입하도록 유혹했습니다. 인도하시는 하나님이 아니라 지금 힘든 조건에 몰두하게 한 것입니다. 흔히 사람들은 이러한 사탄의 궤계에 넘어가 자신의 상황에 매몰되어 하나님을 의심하고, 심지어 그분을 불신하는 데까지 나아갑니다. 그리하여 인도하시는 하나님을 누리지 못합니다.

그러나 히브리서 11장의 믿음의 사람들은 이런 사탄의 방해를 이겨

냈습니다. 노아는 현실성이 없어 보이는 하나님의 명령을 따라 120년 동안 뭍에서 배를 만들었습니다. 아브라함은 하나님의 명령에 순종해 자신이 살던 고향을 떠나 가 본 적도 없는 가나안을 향해 길을 떠났습니다. 그들은 자신들의 모든 막막한 조건과 환경을 주관하시는 주권자 하나님이 인도하실 것을 믿고 신뢰한 것입니다. 그들은 현실에 매몰되지 않고 하나님을 바라보았습니다.

시편 기자들 역시 현실의 답답함과 고통 속에서 거기에 함몰되지 않고, 그 모든 것을 주관하시는 하나님을 바라보며, 하나님 앞에서 절규하며 자신의 심정을 아뢰었습니다. 그중에서도 가장 고통스러운 절규가 담긴 노래로 알려진 시편 22편을 생각해 보십시오. "내 하나님이여 내 하나님이여 어찌 나를 버리셨나이까"(시 22:1)라는 탄식은 후에 예수님의 십자가 고난을 예표하기도 합니다.

시편 기자는 자신이 '하나님께 버림받았다'고 표현할 만큼 고통이 극심했습니다. 그 극심한 괴로움과 고통 속에서도 그는 하나님을 "내 하나님이여 내 하나님이여"라고 불렀습니다. 그의 시선은 하나님께가 있었던 것입니다.

이것이 바로 사탄의 방해를 이기는 방법입니다. 인도하시는 하나님을 믿는 믿음으로 이기는 것입니다. 어떤 상황에서도 자신을 인도하시는 하나님을 보고자 하는 것! 이것이 믿음의 선배들이 가진 공통된 열망이었습니다. 그리고 그들이 모든 상황 속에서 하나님의 인도하심을 경험하고 누린 비밀이었습니다. 현재 자신이 무엇을 경험하든지 간에 모든 것을 주관하시는 하나님을 신뢰했던 것입니다. 우리 역시 우리가 가진 모든 문제와 조건이 만왕의 왕이시며 만주의 주이신 하나님의 주재 아래 있다는 사실을 기억하고 그 하나님을 신뢰해야 합니다.

우리를 위하시는 하나님의 크심

예레미야는 완전히 파괴되어 잿더미가 된 예루살렘 성읍을 바라보며 주권자이신 하나님의 주관하심을 이렇게 증언했습니다.

> "주의 명령이 아니면 누가 이것을 능히 말하여 이루게 할 수 있으랴
> 화와 복이 지존자의 입으로부터 나오지 아니하느냐"(애 3:37-38).

우리는 이처럼 화와 복이 모두 하나님의 입으로부터 나온다는 사실을 수용하는 데 어려움을 겪습니다. 그러나 예수님은 빌라도가 "내가 너를 놓을 권한도 있고 십자가에 못 박을 권한도 있는 줄 알지 못하느냐"(요 19:10)라고 말했을 때 "위에서 주지 아니하셨더라면 나를 해할 권한이 없었으리니"(요 19:11)라고 대답하셨습니다. 이처럼 주님은 화

역시 하나님이 주재하신다는 것을 말씀하시며 자신에게 임한 화를 수용하셨습니다. 하나님이 화와 복을 주관하신다는 사실로 인해 죽음의 문턱 앞에서도 더욱 담대하실 수 있었습니다.

이처럼 하나님은 복만 아니라 화도 주장하십니다. 우리에게 주어지는 온갖 시련과 고난, 고통 역시 하나님이 주관하시는 것입니다. 우리 하나님이 화도 주관하신다는 것은 우리가 당하는 고난과 고통은 그 자체로 끝이 아니라는 의미입니다. 하나님이 우리를 인도하셔서 결국 우리를 향한 선하심을 이루신다는 뜻입니다. 신자는 바로 이것을 믿음으로 바라보아야 합니다. 히스기야왕은 이사야서에서 이렇게 고백합니다.

"내게 큰 고통을 더하신 것은 내게 평안을 주려 하심이라"(사 38:17).

이 말을 수용할 수 있습니까? 자신에게 고통이 점점 더해지는 현실을 하나님이 자신에게 평안을 주려 하심이라고 말하는 것은 '하나님이 모든 것을 주관하시고 인도하신다'는 믿음이 없이는 할 수 없는 고백입니다. 고통이 더해지는 현실 가운데서도 우리에게 평안을 주려 하시는 하나님, 그렇게 우리를 인도하시는 하나님을 우리는 바라보아야 합니다.

하나님은 우리의 이성을 초월하는 무궁한 지혜로 구원의 역사를 포함해 우리의 모든 것을 주관하시며 인도하십니다. 바울은 이런 하나님의 지혜에 대해 "깊도다 하나님의 지혜와 지식의 풍성함이여, 그의 판단은 헤아리지 못할 것이며 그의 길은 찾지 못할 것이로다"(롬 11:33)라며 감탄했습니다. 하나님의 계획과 그 계획을 이루시는 방법 가운데 나타나는 하나님의 지혜를 찬양한 것입니다. 우리의 머리로는 다 이해하지 못할지라도, 모든 상황을 주장하시며 우리를 위한 하나님의 계획을 이루시는 그분의 놀라운 지혜를 말하며 그것을 믿으라고 말한 것입니다.

하나님의 주권을 의지하는 자의 복됨

불신자와 구별되는 그리스도인의 확실한 차이는 고통을 견디는 태도와 그 고통스러운 경험의 결과입니다. 하나님의 백성 된 자는 그 모든 것을 주관하시는 주권자 하나님이 그리스도 안에서 우리의 아버지가 되어 주시며 우리를 인도해 주시는 것을 알고 신뢰하는 가운데 고통을 견디며 내면의 변화를 경험합니다. 그 과정을 통해 이루어지는 선을 경험하는 것입니다. 우리가 경험하는 모든 고통과 어려움은 하나님의 인도하심 속에 있는 것이며, 따라서 결국 우리에게 선이 되고 유익이 되리라는 것을 알고 견디는 것입니다. 그 사실을 알기에 힘들

때도 하나님을 찾으며 도움을 구하는 것입니다.

이것은 매우 큰 차이입니다. 믿지 않는 자들이 고통을 당할 때 그들에게서 나오는 말과 생각은 그들의 부패한 본성을 그대로 드러냅니다. 추악하고 썩은 내가 진동하는 말과 생각을 쏟아 내는 것입니다. 그들은 하나님을 찾는 과정을 통해 하나님을 경험하지 못합니다. 그러므로 그 고통을 경험한 결과도 전혀 다를 수밖에 없습니다.

그리스도인인 우리는 우리의 모든 상황과 현실을 주관하시는 하나님의 주권과 인도하심이 우리에게 얼마나 복된 것인지를 믿음으로 보아야 합니다.

신자는 우리를 인도하시는 하나님의 주권, 그 복되고 놀라운 주권을 성경이 말하는 대로 풍성하게, 그리고 그로 인해 하나님을 향한 깊은 신뢰를 갖게 될 만큼 알고 믿어야 합니다. 이것을 견고하게 믿지 못한다면 우리의 신앙생활은 요동칠 수밖에 없습니다. 그리스도 안에 있는 안식과 평안을 제대로 누릴 수가 없습니다.

그러나 하나님의 주권에 대한 이해가 견고해지면 전혀 다른 지평이 열립니다. 하나님으로 인한 안식을 경험할 수 있게 되는 것입니다. 조나단 에드워즈(Jonathan Edwards)는 하나님의 주권에 대한 이해와 경험으로 인해 주체할 수 없는 기쁨을 갖게 되었습니다. 우리 역시 하나님의 주권에 대한 이해를 견고히 가질 때 자신의 구원의 시작과 끝이 보이고, 그로 인해 확신과 기쁨을 얻게 됩니다.

하나님의 주권을 생생하게 알고 신뢰하는 것만큼 그리스도인의 신앙과 삶에 유익이 되는 일은 없습니다. 이 세상에 하나님의 주권에서 벗어난 일은 단 하나도 없습니다. 그래서 우리는 고통과 비극 속에서도 하나님이 내리실 결론을 믿고 기다릴 수 있습니다. 결혼과 자녀 문제 등 인생의 여러 가지 문제들에 대해서 하나님을 신뢰하며 기다릴 수 있습니다.

우리의 삶을 향한 하나님의 주권을 헤아려 보십시오. 우리는 출생부터, 아니 태아로 형성되기 전부터 하나님의 주권 아래 있었습니다. 다윗은 자신을 향한 하나님의 주권을 다음과 같이 고백합니다.

"주께서 내 내장을 지으시며 나의 모태에서 나를 만드셨나이다 내가 주께 감사하옴은 나를 지으심이 심히 기묘하심이라……내 형질이 이루어지기 전에 주의 눈이 보셨으며 나를 위하여 정한 날이 하루도 되기 전에 주의 책에 다 기록이 되었나이다"(시 139:13-14, 16).

다윗의 고백처럼 하나님의 주권은 우리가 태어나기도 전부터 우리를 향해 있었습니다. 그리고 그 주권 가운데 하나님은 우리의 전 인생을 주도하십니다.

모든 일이 하나님의 주권 아래 있음

여기에서 우리는 한 가지 의문을 가질 수 있습니다. "우리가 하나님의 계시된 뜻을 거스르고 그분의 인도하심을 따르지 않으려는 것도 하나님의 주권 아래에 있는 일인가?" 하는 것입니다.

결론부터 말하자면, 그렇습니다. 우리가 하나님의 말씀에 불순종하고 그분의 도덕적인 뜻을 따르지 않는 것도 하나님의 주권 아래 있고, 우리가 겪는 아픔과 고통도 하나님의 주권 아래 있습니다. 우리의 이해는 이 모든 일에 미치지 못합니다. 하지만 이처럼 우리의 모든 삶이 하나님의 주권에 따라 있다는 것은 분명한 사실입니다. 그리고 이 사실은 우리에게 큰 위로와 용기를 주고, 안식과 기쁨을 갖게 합니다.

생각해 보십시오. 우리에게 생기는 모든 일이 하나님의 허락하심이 없이는 일어나지 않는다는 것을 말입니다. 심지어 우리가 지은 죄로 인해 해를 받는 경험조차도 그렇습니다. 우리 삶의 그 어떤 것도 하나님의 허락이 없이는 이루어지지 않습니다. 모든 것이 하나님의 통치와 인도하심 아래에 있다는 것을 생각하면, 지금 우리가 겪는 고통과 어려움을 포함한 모든 삶의 국면이 우리에게 전혀 새로운 의미로 다가오게 됩니다.

요셉과 함께 감옥에 있던 술 맡은 관원장은 요셉이 그의 꿈을 해석한 대로 석방되어 복권되었습니다. 그는 요셉을 기억하겠다고 했지만, 그 약속을 잊어버렸습니다. 그래서 요셉은 2년이나 더 감옥에서 보내야 했습니다. 감옥에서의 2년은 매우 긴 시간입니다. 요셉에게는 매우 속상했을 일이지만, 그러한 일 역시 요셉을 향한 하나님의 주권적인 인도하심 가운데 있었습니다. 초대교회가 세워질 때 가장 앞서서 복음을 전했던 사도 바울 역시 벨릭스 총독에 의해 2년을 감옥에서 보냈습니다. 왕성하게 사역해야 할 시기에 2년 동안 갇혀 있었던 것입니다.

하지만 이 모든 일은 하나님의 주권적인 인도하심 가운데 허락된 것들이었고, 특히 더욱 놀라운 하나님의 뜻을 성취하기 위한 인도하심이었습니다. 결국 하나님은 이 시간을 지나 요셉이 애굽 전역의 총리가 되게 하셨고, 또 바울을 로마로 이끄셨습니다.

당장 감옥에 있다는 것보다 더욱 중요한 사실은 하나님이 그 모든 상황을 허락하셨으며 우리를 주권적으로 인도하신다는 것입니다. 우리는 바로 그러한 하나님을 믿음으로 바라보아야 합니다. 우리의 현재의 환경과 미래의 모든 문제 속에서도 마찬가지입니다. 하나님의 주권적인 인도하심이 눈에 보이지 않을 때도, 아주 평범한 일상 중에도 하나님은 우리의 인도자로 계십니다. 하나님은 우리의 인도자로 계시며 우리가 보고 경험하는 모든 것을 주관하시는 가운데 하나님의 선하신 뜻을 이루어 가십니다.

성경은 이 같은 하나님을 보는 사람들과 하나님을 보지 못하고 현실에만 몰입한 사람들의 차이를 분명하게 말합니다. 히브리서 11장에 언급된 믿음의 사람들은 인도하시는 하나님을 본 자들이고, 다윗의 뒤를 좇지 않고 죄악을 일삼았던 이스라엘의 열왕들은 인도하시는 하나님을 보지 못한 자들입니다.

하나님은 우리가 어떤 상황 가운데 있든지 우리를 인도하십니다. 좋을 때든 슬플 때든 우리를 현재 인도하고 계십니다. 이 사실은 절대 변하지 않습니다. "지금 이렇게 고통스러운데, 내가 지금 하나님의 인도하심을 받고 있는 것이라니 그게 무슨 말입니까?" 하고 말할 사람이 있을지도 모릅니다. 하지만 그런 반응은 현재 힘든 상황과 어려운 문제만 보기 때문입니다.

당장 이해하기 어려운 일들이 있더라도, 그 너머에 하나님의 뜻과 목적을 따라 우리를 영원한 생명으로 안전하게 이끄시는 하나님의 주권적인 인도하심이 있습니다. 우리를 둘러싼 모든 환경, 우리 삶의 반경에 있는 모든 사람과 관계는 하나님의 손길을 벗어나지 못합니다. 또한 그 어떤 것도 우리를 인도하시는 하나님의 목적을 좌절시키지 못합니다.

이 사실을 굳게 믿으십시오. 믿고 안심하십시오. 하나님은 우리를 그분의 아들 예수 그리스도의 형상을 닮게 하려는 목적을 가지고 주권적으로 우리를 인도하십니다. 뿐만 아니라 우리 각 사람을 향한 개별적인 목적과 뜻이 있습니다. 우리 각각이 가진 독특함을 통해 개별적인 뜻을 이루고자 획일화될 수 없는 다양한 경험을 하게 하시는 것입니다.

하나님은 지금도 우리를 향한 하나님의 뜻을 이루어 가고 계십니다. 우리가 놓인 환경이 어떠하든, 또 지금 우리가 경험하는 바가 긍정적인 것으로 여겨지든 아니든 이 사실에 더욱 마음을 쏟아야 합니다. 그것이 주권자 되신 하나님으로 말미암은 평안을 누리는 길이기 때문입니다.

하나님의 인도하심 안에 있는 안전과 평안

예수님은 제자들에게 유언적인 말씀으로 보혜사 성령을 통해 계속 그들을 인도할 것을 약속하시면서 "평안을 너희에게 주노라"(요 14:27)라고 말씀하셨습니다. 예수님이 성령을 통한 계속적인 인도하심을 약속하시며 평안을 강조하신 이유는 앞으로 어떤 상황에서도 하나님의 인도하심을 기억하고 바라보면 평안할 수 있기 때문입니다. 그래서 자신이 떠나는 상황임에도 평안을 말씀하신 것입니다. 이 때문에 우리는 모든 상황에서 나를 인도하시는 하나님을 볼 수 있고, 또 보아야 합니다.

그러나 그렇지 않을 때 우리는 평안이 아니라 두려움과 불안을 느끼게 되고 비참해질 수 있습니다. 심지어 깊은 죄악의 수렁에 빠질 수도 있습니다. 힘든 일이 오래 지속되고 고통의 정도가 심해질 때 더욱 그럴 수 있습니다. 그러나 하나님이 욥을 인도하신 일을 생각해 보십시오. 하나님은 욥이 생각하지 못한 결론에 이르기까지 그를 계속 인도하셨습니다. 하나님은 이처럼 우리 눈에 보이지 않을 때도 우리를 인도하시는 인도자로 계십니다. 그분은 지금도 일하고 계십니다. 모든 성경의 기록이 그것을 입증하고 있습니다. 실제로 우리 삶에서도 그리하십니다.

눈에 보이는 것만으로 하나님을 판단하지 마십시오. 하나님은 그렇게 작은 분이 아니십니다. 제한적인 존재가 아니십니다. 그분은 만물을 창조하시고 세상 역사를 지금껏 주관해 오신 주권자이십니다. 바벨론 제국을 일으키시고, 또 멸망케 하셨습니다. 뒤이어 페르시아, 헬라, 로마를 일으키셨고 그 나라들을 다시 망하게 하신 분이십니다. 당장 내가 처한 환경과 잠깐의 경험을 가지고 하나님을 판단하는 것은 너무 어리석은 일입니다.

요셉을 인도하신 하나님이 우리도 인도하고 계십니다. 그 사실을 생각하십시오. 이 계시의 말씀은 우리를 위한 말씀입니다. 하나님이 요셉을 위한 목적, 또 요셉을 통한 목적을 이루기 위해 그를 인도하셨듯이, 하나님의 백성 된 나를 위한 목적, 또 나를 통한 목적을 이루기 위해 현재의 일들도 허락하신 것입니다.

설사 요셉이 종으로 팔렸던 것처럼 마치 내동댕이쳐지는 것 같은 경험을 할지라도, 하나님은 여전히 우리를 인도하십니다. 물론 그 결과가 세상적으로는 요셉과 같이 성공하는 것이 아닐 수도 있습니다. 하지만 중요한 것은 우리를 위해, 또 우리를 통해 이루고자 하시는 하나님의 목적입니다.

하나님이 요셉을 통해 야곱 가족을 건지려는 뜻을 이루신 것처럼, 우리의 인도자이신 하나님은 자기의 뜻을 반드시 이루십니다. 종으로 팔리고 온갖 어려움을 겪었던 요셉의 삶을 결국 하나님이 뜻하신 목적지까지 안전하게 인도하셨듯이, 하나님은 우리에게 허락하고자 하시는 영원한 생명에 이르기까지 그 목적에 지장이 없도록 우리를 안전하게 인도하십니다.

결론에 이르기까지 신뢰하라

지금 어떤 환경에 처해 있습니까? 지금 나를 괴롭히는 문제는 무엇입니까? 모든 상황에서 인도하시는 하나님을 보고 있습니까? 어떤 상황에서든지 인도하시는 하나님을 보는 것이 우리의 삶을 바르게 이해하며 사는 길이요, 동시에 요동치는 현실 가운데서도 안식과 평안을 누릴 수 있는 길입니다.

감옥에 갇힌 바울이 감옥 밖에 있는 사람들에게 "기뻐하라"고 말할 수 있었던 이유는 자신이 처한 환경보다 하나님을 바라보았기 때문입니다. 자신을 위해, 그리고 자신을 통해 뜻을 이루시는 하나님을 보았던 것입니다. 우리도 우리를 인도하시는 하나님을 믿음으로 본다면 우리의 삶을 바르게 보고 살 수 있습니다. 믿음의 선배들처럼 살 수 있습니다.

바울은 우리가 "믿음으로 행하고 보는 것으로 행하지 아니"한다고 말합니다(고후 5:7). 이것이 신자의 삶이라고 이야기한 것입니다. 보이는 현실이 암울할 때에라도 하나님은 우리를 인도하십니다. 하나님은 분명한 계획과 목적을 가지고 지금 우리의 현실을 허락하신 것입니다. 그러니 그 하나님을 신뢰하라는 것입니다. 우리는 하나님만 믿고 나아가면 됩니다. 그것이 전부입니다. 하나님이 어디로 인도하시든지, 또 어떤 길로 가게 하시든지 오직 인도하시는 하나님만 믿고 가면 됩니다. 아브라함도 막막한 상황에서 하나님 한 분만 믿고 갔고, 노아도 하나님만 믿었습니다.

우리를 향한 하나님의 인도하심은 두 가지 결과를 가져올 것입니다. 하나는 하나님을 영화롭게 하는 것이요, 또 하나는 우리의 유익과 선함입니다. 그 과정에서 우리의 감정이 요동하고 열악한 환경을 지나며 고통을 당하더라도 반드시 이 두 가지 결론에 이를 것입니다. 그러니 안심하고 우리의 목자 되신 하나님, 인도자 되신 하나님을 신뢰하기만 하십시오. 우리의 감정을 따라 신뢰하다가, 안 하다가 할 일이 아닙니다.

믿음으로 "나는 어떤 고난이 닥쳐도 하나님을 신뢰하리라!"라고 선언하십시오. 우리의 감정과 상관없이 하나님을 의지하라는 말씀은 하나님의 명령이기도 합니다. 그 명령을 따라 하나님을 신뢰할 때 하나님은 영광을 받으시고 우리에게도 선함과 유익이 있을 것입니다.

우리의 삶 속에서 어렵고 힘든 상황보다 그 상황을 허락하시는 하나님을 보는 데 성공하면 그것으로 신자로서 우리의 삶은 성공합니다. 믿음의 삶은 다른 것이 아닙니다. 어떤 상황에서도 나를 인도하시는 하나님을 보며, 그 인도자를 믿고 현실을 지나는 것입니다. 그것이 예수님이 이 땅에서 가신 길이기도 합니다. 예수님은 십자가를 져야 하는 고통스러운 상황 속에서 하나님을 신뢰하는 가운데 "나의 원대로 마시옵고 아버지의 원대로 하옵소서"(막 14:36)라고 구하셨습니다.

우리 역시 우리의 원함이나 감정이 아닌 하나님과 그분의 뜻을 신뢰하는 길을 택해 가야 합니다. 하나님은 그리스도를 영광으로 인도하셨던 것처럼 우리 또한 궁극적인 영광과 생명으로 이끄실 것입니다. 끝까지 인도하실 것입니다. 마지막에 우리는 그 사실을 분명하게 확인할 것입니다. 그리고 그때 조셉 길모어(Joseph H. Gilmore)의 찬송시(새찬송가 390장)를 과거 시제로 이렇게 고백하게 될 것입니다.

"예수가 거느리셨네. 주 날 항상 돌보시고 날 친히 거느리셨네. 풍파 중에 지키시고 평안히 인도하셨네. 내 주의 손을 붙잡고 천국에 올라왔네. 괴로우나 즐거우나 예수가 거느리셨네. 천국에 가는 이 길도 예수가 거느리셨네."

우리가 실패해도, 절망에 빠져 있을 때도 하나님은 우리를 인도하십니다. 직장을 잃고 사업이 망해도 하나님은 우리를 인도하십니다. 사랑하는 사람을 잃고 외로울 때도, 그래서 완전히 혼자가 되었다고 할 만할 때도, 재물과 건강을 잃었을 때도 하나님은 우리를 인도하고 계십니다. 우리가 임종하는 그 순간에도 이러한 하나님의 인도하심을 믿으십시오. 이 믿음이 신자가 가진 최고의 소유입니다.

마지막으로 짐 엘리엇(Jim Elliott)의 아내 엘리자베스 엘리엇(Elisabeth Elliot)의 일화를 여기에 소개하고자 합니다. 짐 엘리엇은 선교사로 에콰도르에 파송되었지만 와오라니 지역에 거주하는 아우카족에게 살해당했습니다. 그의 이야기는 "엔드 오브 스피어"(End of the spear)라는 영화로 만들어졌습니다. 다음은 제임스 패커가 남편을 잃은 엘리자베스 엘리엇이 하나님의 인도하심을 어떻게 수용했는지에 관해 쓴 글입니다.

엘리자베스는 선교사의 삶을 이상적으로 생각하던 경건한 신자들 틈에서 성장했다. 그런 이유로 그녀는 일찍부터 선교 사역을 자신의 소명으로 받아들였다. 언어 재능이 뛰어났던 그녀는 위클리프 하계 언어 학교에서 성경 번역 훈련을 받고 에콰도르 콜로라도 부족이 살고 있는 지역으로 건너갔다. 물론 그녀의 목적은 현지어로 성경을 번역하는 것이었다.

하지만 어느 날 소요가 일어나서 스페인어와 콜로라도어에 능통한 그녀의 안내자가 살해당하고 가방을 도둑맞는 사건이 발생했다. 그 가방 안에는 9개월 동안 쉬지 않고 번역 작업에 몰두해 얻어 낸 결실이 담겨 있었다.

엘리자베스가 잃은 것은 그것만이 아니었다. 혼기가 찬 그녀는 짐 엘리엇이라는 동료 선교사와 결혼을 했다. 1956년 그녀의 남편은 와오라니 부족에게 복음을 전하러 갔다가 동료 선교사 네 사람과 함께 원주민들에게 살해되고 말았다.

그런데도 그녀는 여전히 그 지역에 머물면서 퀴추아족의 언어로 성경을 번역했다. 그로부터 2년 뒤 엘리자베스 엘리엇과 레이첼 세인트는 와오라니 부족으로부터 초청을 받았다. 엘리자베스와 그녀의 어린 딸은 그것을 기도의 응답으로 받아들여 남편과 아버지인 짐을 죽인 살인자들과 2년 동안 함께 살다가 상황이 여의치 않자 다시 미국으로 돌아왔다.

미국에 돌아온 그녀는 자신이 자라 온 신앙 공동체에 더 이상 적응하기 어려웠다. 사람들은 그녀에게 냉담했고 때로는 몰인정하게 굴었다. 엘리자베스는 그러는 동안 재혼을 하게 되었다. 하지만 그녀의 새 남편도 곧 암으로 죽고 말았다. 그로부터 몇 년 뒤 그녀는 다시 세 번째 결혼식을 올렸다.

엘리자베스는 온갖 인생의 시련을 경험하면서도 자신의 소명에 충실하려고 노력했다. 그녀의 인생은 절대 순탄하지 않았다. 하지만 그녀는 처음부터 끝까지 하나님의 인도를 구하고 따르고자 노력했다. 아래 인용한 그녀의 말은 하나님의 인도를 따르다가 당혹스럽고 고통스러운 상황에 직면했을 때 어떤 태도를 취해야 할지를 잘 보여 준다.

"내가 에콰도르 밀림에 살 때 항상 내 곁에는 길을 알려 주는 안내자가 있었다. ……종종 시내와 강을 건너 길을 가야 했지만 때로는 우리가 건너야 할 강물 위에 높이 놓여 있는 통나무를 지나가야 했다. 나는 그 통나무를 건너는 것이 무서웠다. ……하지만 원주민들은 '아가씨, 그냥 건너가세요'라고 말하고 아무렇지도 않게 그곳을 지나가곤 했다. ……

나도 그들처럼 맨발이었다. 하지만 그것으로는 부족했다. 나는 통나무 위에서 아래로 흐르는 강물을 도저히 바라볼 수가 없었다. 그랬다가는 미끄러져 떨어질 것만 같았기 때문이다. 나는 담벼락이나 물건 위에 올라서서 몸의 균형을 유지하는 일에 능숙하지 못했다. 그런 내가 통나무를 건너는 것은 거의 불가능해 보였다. 나의 안내자는 그런 나에게 손을 내밀곤 했다. 내게 필요한 것은 그의 손끝을 가볍게 잡는 것뿐이었다. 나는 미끄러질지도 모른다는 두려움을 버리고 강물을 내려다보거나 통나무를 보지 않고 오로지 안내자만 바라보며 내 손에 와 닿는 그 손끝, 손끝의 감촉을 느끼려고 노력했다. ……그가 그곳에 있다는 사실과 그의 손끝에서 느껴지는 감촉이 내게 필요한 전부였다. ……인디언들이 가르쳐 준 교훈은 바로 신뢰였다."

체스터턴은 하나님이 우리를 어디로 인도하시는지 알 수 없을 때, 그런 경우는 많다고 모든 것을 맡기고 "어둠 속을 즐겁게 걸어가라"라고 했다. 그것은 엘리자베스가 통나무를 건너면서 인디언들을 통해 신뢰의 교훈을 배웠듯이 우리도 우리를 인도하시는 하나님을 신뢰함으로써 할 수 있다.[1]

지금 우리에게 필요한 것 역시 우리를 인도하시는 하나님, 바로 그분을 신뢰하는 것입니다. 이것밖에는 없습니다. 새찬송가 399장 "어린양들아 두려워 말아라"라는 찬송가도 그 사실을 우리에게 말해 줍니다.

"어린양들아 두려워 말아라 주님 우리와 함께하신다
하늘과 땅의 모든 권세로 그 양 떼들을 항상 지키신다
어린양들아 두려워 말아라 주가 네 갈 길 인도하신다

마라의 쓴물 달게 하신 주 그 동산에서 피땀 흘리셨네
어린양들아 두려워 말아라 주님 언제나 함께하신다
고난과 역경 환난 중에도 능력의 주님 너를 지키신다
오직 믿음 믿음으로 두려움 없으리 오직 믿음
오직 믿음 믿음으로 두려움 없으리 오직 믿음."

엘리자베스 엘리엇이 통나무 밑으로 떨어질까 염려했을 때 그녀는 자신을 인도하는 안내자의 손끝만을 의지했습니다. 통나무 밑으로 거세게 흐르는 강물처럼 험악한 세상을 지나는 우리에게도 필요한 것은 주님의 손끝입니다. 믿음으로, 오직 믿음으로 히브리서 11장에 나오는 믿음의 선진들처럼 우리를 인도하시는 하나님을 보는 것입니다. 현실을 보지 않고, 하나님을 보면서 가는 것입니다.

이것이 신자로서 신앙 여정에서 기억해야 할 단순하면서도 가장 핵심적인 삶의 비밀입니다. 이것을 잊으면 우리는 실패합니다. 하나님의 인도하심과 그 인도하심 가운데 있는 풍성함을 누리지 못합니다.

꼭 기억하십시오. 우리의 인도자가 계십니다. 우리 모두가 통나무를 건너듯 인도자이신 하나님을 신뢰함으로써 인생의 순례길을 안전하게 지나기를 바랍니다.

우리가 실패해도, 절망에 빠져 있을 때도
하나님은 우리를 인도하십니다.
직장을 잃고 사업이 망해도
하나님은 우리를 인도하십니다.
사랑하는 사람을 잃고 외로울 때도,
그래서 완전히 혼자가 되었다고 할 만할 때도,
재물과 건강을 잃었을 때도
하나님은 우리를 인도하고 계십니다.
우리가 임종하는 그 순간에도
이러한 하나님의 인도하심을 믿으십시오.
이 믿음이 신자가 가진 최고의 소유입니다.

06

끝까지 _
하나님이
우리 선한 목자

The LORD who guides

"여호와는 나의 목자시니 내게 부족함이 없으리로다
그가 나를 푸른 풀밭에 누이시며 쉴 만한 물가로 인도하시는도다
내 영혼을 소생시키시고 자기 이름을 위하여
의의 길로 인도하시는도다"
(시 23:1-3).

끝까지
인도하시는
하나님

양의 필요를 아시고 채우시는 목자

　마지막 장에서는 시편 23편을 간략히 살펴보겠습니다. 앞서 언급했듯이, 시편 23편은 다윗의 경험에서 우러나온 고백입니다. 그는 여기에서 목자이신 하나님이 그분의 양을 이끄시는 인도하심을 노래합니다. 이 시편에는 묵상할 내용이 많지만, 여기에서는 지금까지 살펴 온 내용의 연장선상에서 우리 각 사람이 하나님의 양으로서 삶 가운데 경험할 수 있는 몇 가지를 정리해 나누려고 합니다.

　첫째로, 시편 23편은 목자이신 하나님의 인도하심이 막연한 것이 아니라, 그 여정에서 우리의 모든 필요를 채우시는 인도하심이라는 사실을 말합니다.

　다윗은 1절에서 "여호와는 나의 목자시니 내게 부족함이 없으리로다"라고 고백합니다. 목자이신 하나님의 양인 자신에게 어떠한 궁핍함도 없다는 의미입니다. 목자가 자기 양을 푸른 풀밭에 눕게 하고, 잔잔한 물가로 인도하며, 양식을 넉넉히 먹이듯이 하나님의 배려와 돌보심이 완벽해 부족함이 없다는 뜻입니다. 하나님은 그분의 양들을 향한 책임에 충실한 목자이심을 고백한 말입니다. 우리 하나님은 바로 그러한 하나님이십니다.

주님의 양들은 자신들보다 훨씬 뛰어나신 목자의 지혜를 경험합니다. 일반적으로 양들은 푸른 풀밭에 이르게 되면 그저 그곳에 더 머물고 싶어 합니다. 하지만 하나님은 우리보다 탁월한 지혜로 우리를 계속 인도하십니다. 우리의 인격과 영적 성장을 위해 필요한 경험들로 우리를 이끄시는 것입니다.

이것은 우리에게 큰 위로가 됩니다. 우리의 목자 되신 주님은 우리에게 있어야 할 것을 먼저 아십니다. 대충 짐작하시는 것이 아니라, 각 사람의 필요의 종류와 정도를 깊이 아시고 그 모든 필요를 채우십니다. 이런 아심과 돌보심과 인도하심 때문에 다윗은 "내게 부족함이 없으리로다"라고 고백한 것입니다. 하나님은 이처럼 우리를 세밀히 돌보시는 목자이십니다.

영혼을 소생시키심

둘째로, 하나님의 양들은 그분의 인도하심 속에서 영혼의 소생을 경험합니다(시 23:3). 하나님은 우리를 일방적으로 끌고 가지 않으십니다. 하나님은 우리 영혼의 소생되어야 할 상태를 아시고 소생시키시는 분이십니다. 영혼의 생명으로 인도하시는 것입니다. 이 시편에서 말하는 사망의 음침한 골짜기를 지날 때나 원수에게 위협을 받을 때도 하나님은 이런 은혜를 베푸십니다. 그러나 이와 같은 고백을 할 때 다윗은 무엇보다 자신의 과거의 경험을 의식하고 있었을 것입니다.

다윗은 시편 25편에서 자신의 과거의 실패를 고백하며 은혜를 구합니다. 7절에서는 "여호와여 내 젊은 시절의 죄와 허물을 기억하지 마시고"라고 간구하고, 11절에서는 "여호와여 나의 죄악이 크오니 주의 이름으로 말미암아 사하소서" 하며 부르짖습니다. 다윗의 이런 부르짖음은 자신의 죄가 하나님의 얼굴을 자신에게서 돌리게 하는 원인이 되었음을 알았기 때문입니다. 그는 목자이신 하나님의 분명한 지시와 인도하심을 거역한 자신의 죄를 깨닫고 괴로워했습니다. 그런데 하나님은 바로 그 상태에서도 다윗을 소생시키셨습니다.

다윗은 그런 과거의 경험을 기억하면서 죄로 인해 짓눌려 하나님에게서 멀어진 죽음과 같은 상태에 있는 자신을 방치하지 않으시는 하나님의 선하심을 고백한 것입니다. 그것이 '그가 내 영혼을 소생시키신다'는 말의 의미입니다. 비록 자신이 죄를 깨닫고 회개하는 일이 있었지만, 주님께로 돌이켜 나아가는 모든 과정에서 하나님이 자기 영혼을 소생하게 해주신다는 것입니다.

우리는 우리의 신앙 여정 가운데서도 이러한 하나님을 경험합니다. 하나님은 우리를 억지로 끌고 가지 않으십니다. 하나님은 말씀을 통해서든, 또 어떤 경험이나 경로를 통한 깨달음을 통해서든 들은 말씀 가운데 우리의 영혼을 소생시키십니다. 그리고 또다시 우리가 가야 할 길로 인도하십니다. 하나님의 인도하심은 단지 눈에 보이는 현실적 필요를 채우는 정도에 그치지 않습니다. 하나님은 우리의 영혼까지도 살피시고, 죄로 인해 고통받는 우리 영혼의 궁핍함과 절망에서 우리를 건지시고 소생시키십니다.

여기에서 우리는 한 가지 중요한 교훈을 얻게 됩니다. 우리의 넘어짐이 하나님 앞에서 최종적인 실격을 의미하지는 않는다는 것입니다. 우리에게는 신앙과 삶의 여정에서 넘어지는 경험이 있을 수 있습니다. 그러나 그로 인해 "너는 자격이 없어", "너는 더 이상 가치가 없어. 끝이야" 등 최종적인 실격이 되는 것은 아닙니다. 오히려 하나님은 그렇게 넘어진 양을 다시 일으켜 계속 인도하십니다.

우리의 자비로우신 목자는 우리의 죄를 사하십니다. 그분은 우리가 멸망하는 것을 원하지 않으시고 우리에게 은혜 베풀기를 원하십니다. 우리에게 긍휼 베풀기를 원하십니다(사 30:18). 그래서 죄로 인해 넘어진 자를 소생시키십니다. 그러므로 우리는 죄에 넘어지고 실패했을 때도 방황하지 말고 우리의 선하신 목자를 찾아야 합니다. 시편 25편의 다윗과 같이 회개하며 하나님을 찾아야 합니다.

그렇다고 우리의 회개하는 말 한마디면 자동으로 하나님이 우리를 용서하신다는 뜻은 아닙니다. 하나님은 거룩하신 하나님이십니다. 회개라는 우리의 행위에는 죄를 사함 받을 만한 공로나 가치가 없습니다. 회개는 우리가 멀리한 하나님의 인도하심이 필요하다는 것을 절박하게 표현하는 수단입니다. 하나님은 반복적인 우리의 죄악에 대해 노하기를 더디 하시며 흠이 많은 우리의 회개를 받아 주시는 것입니다. 우리의 회개와 하나님의 용서하심에는 그러한 인격적인 교감이 있습니다. 하나님은 이처럼 인격적인 관계 안에서 우리가 실패해 방황할 때도 우리를 회개로 이끄시고, 소생시키시고, 다시금 선한 길로 인도하십니다.

성경은 넘어진 자들의 영혼을 소생시키시는 하나님의 은혜에 대해 많이 말합니다. 그 은혜를 경험한 사람들이 많지만, 베드로 역시 그중 한 사람입니다.

일찍이 사람을 낚는 어부로 부르심을 받았던 베드로는 주님을 세 번이나 부인했습니다. 그 후 베드로는 바닷가에서 손에 잡히지도 않는 그물질을 하며 인생의 방향을 잃은 듯 헤맸습니다. 그러나 주님은 그런 베드로를 찾아가 그의 영혼을 소생시키셨습니다. 그를 다시 소생시키시어 사도행전에 기록된 복음의 역사에 사용하셨습니다. 베드로는 이처럼 주님이 베푸신 회복의 은혜를 알았기에 후에 아시아에 흩어져 있는 신자들에게 보낸 편지에서 주님을 목자로 묘사했습니다.

"너희가 전에는 양과 같이 길을 잃었더니 이제는 너희 영혼의 목자와 감독 되신 이에게 돌아왔느니라"(벧전 2:25).

베드로는 주님을 자신의 목자로 알았던 것입니다. 자신의 영혼을 소생시키시고 인도하시는 주님의 목자 되심을 알고 경험했기 때문입니다.

우리 주님은 다윗과 베드로를 소생시키셨듯이 우리의 영혼 또한 소생시키시고 인도하시는 참 목자이십니다. 이와 같은 하나님의 인도하심은 매우 특별하고 놀라운 것입니다. 하나님이 반복해 넘어지는 우리를 다시 소생시키시고 인도하시는 일을 행하시는 것입니다. 거룩하신 하나님이 그리하시는 것입니다.

우리는 어떤 사람이 세 번 정도 같은 잘못을 반복하면 실망하고 그에게서 마음이 멀어집니다. 그런데 우리는 하나님 앞에 세 번 정도가 아니라 수없이 죄짓기를 반복합니다. 그러나 거룩하신 하나님은 그때마다 회개하는 우리를 받으시고 소생시키십니다. 하나님은 참으로 은혜로우신 인도자이십니다. 다윗이 그것을 고백한 것입니다.

의의 길로 인도하심

셋째로, 우리는 목자 되신 하나님의 인도하심 속에서 그분이 우리를 의의 길로 이끄시는 경험을 합니다(시 23:3하). 우리는 종종 하나님의 인도하심을 하나님이 나의 원함과 필요를 채워 주시는 것 정도로만 생각합니다. 그러나 시편 23편이 말하는 하나님의 인도하심은 하나님이 우리에게 무엇인가를 주시는 것이라기보다 하나님이 우리를 위해 무엇인가를 하시는 것입니다. 주시는 것보다 하시는 것입니다. 이것이 더 중요합니다.

우리는 '받는 것'만을 생각하고 하나님이 '행하시는 것'은 잘 생각하지 않습니다. 하나님의 행하심은 비록 눈에 보이지 않지만, 정말 크고 놀라운 것입니다. 하나님은 우리가 헤아리지 못하는 영역까지 내다보시며 그다음 우리가 가야 할 길로 우리를 이끄십니다. 주변의 상황과 대적들의 위험을 헤아리시며, 특별히 우리를 의의 길로 나아가게 하십니다.

하나님은 우리를 의의 길로 인도하십니다. 이러한 사실 때문에 하나님의 인도하심을 받는 우리에게 하나님의 계시된 뜻, 곧 성경이 그토록 중요한 것입니다. 우리는 성경을 통해 주님이 우리를 이끄시는 의의 길이 무엇인지 알게 되기 때문입니다. 성경의 위대한 목적은 우리를 교훈해 그 가르침 속에서 우리를 하나님의 성품으로 이끌어 가는 것입니다. 하나님은 기록된 하나님의 말씀을 통해 우리를 의로 교육하시고 하나님의 사람으로 온전하게 하십니다(딤후 3:16-17).

하나님은 우리를 의의 길로 인도하시기 위해 그 의의 길을 성경으로 계시하셨습니다. 그뿐만 아니라 친히 육신을 입고 오셔서 앞서 의의 길을 가셨습니다. 하나님을 따라갈 수 있도록 우리 앞에 길을 내신 것입니다. 그래서 우리는 그 길을 따라갈 수 있게 되었습니다. 이러한 '행하심'은 단순히 '어떤 것을 주시는 것'보다 훨씬 더 큰 일입니다. 이에 대해 베드로는 "그리스도도 너희를 위하여 고난을 받으사 너희에게 본을 끼쳐 그 자취를 따라오게 하려 하셨느니라"(벧전 2:21)라고 말했습니다.

물론 주님이 '고난을 받으사 너희에게 본을 끼치셨다'라고 말한 대로, 우리가 뒤따라야 할 의의 길은 결코 편안한 길이 아닙니다. 하지만 우리가 의의 길을 개척해 가야 하는 것은 아닙니다. 주님이 의의 길을 먼저 닦으셨습니다. 우리는 주님이 내신 길을 갈 뿐입니다. 특히 목자이신 주님의 보호와 인도하심이 있는 그 길을 따라서 말입니다. 주님의 인도하심을 받으며 하나님이 계시하신 뜻, 곧 성경을 따라가면 되는 것입니다.

이 세상의 시각에서 보면 이 길을 걷는 것은 어렵게 여겨질 수 있습니다. 그러나 이 길은 우리 홀로 가는 길이 아니라, 목자 되신 우리 주님과 함께 가는 길입니다. 그분의 인도하심을 받으며 가는 길입니다. 의의 길을 갈 때 앞으로 우리에게 닥칠 어려움과 힘든 일들을 미리 염려할 필요가 없습니다. 목자가 양을 일일이 살피며 인도하듯, 주님이 우리 앞에 있을 일들을 내다보시고 우리를 인도하시기 때문입니다. 우리는 그저 믿고 가면 됩니다. 안심하며 갈 수 있습니다. 그만큼 주님은 완벽하시며 신뢰할 만한 목자이십니다.

지팡이로 안위하심

넷째로, 우리는 목자 되신 하나님의 인도하심 속에서 안위하심을 경험합니다(시 23:4). 즉 보호하심을 경험한다는 의미입니다.

앞서 언급했듯이, 세상적인 눈으로 보면 하나님이 우리를 인도하시는 의의 길은 외롭고 힘들어 보일 수 있습니다. 실제로 사망의 음침한 골짜기를 지나는 것과 같은 경험을 할 때는 정말 누가 옆에서 붙잡아 확실하게 끌어 주지 않으면 더 걸을 수도 없을 만큼 지치기도 합니다. 그런 일들이 신자의 인생 중에 있을 수 있습니다. 양들이 걷기에는 버거운 험한 협곡을 지날 때도 있는 것입니다. 하지만 양들은 함께하는 목자를 보며 두려움을 떨치고 그를 따라갑니다. 그리고 그 길에서 주님의 양들은 안위하심을 경험합니다.

우리는 인생 중에 이해할 수 없는 상황과 고통을 경험할 때 처음에는 두려움으로 크게 위축됩니다. 예를 들면, 암에 걸린 신자들은 낙심하기도 하고 두려움에 빠지기도 합니다. 하지만 그 음침한 골짜기에서도 주님이 보호하시고 안위하심을 알기 때문에 견디며 그 과정을 지납니다. 비록 힘들지만 하나님을 바라보며 나아갑니다. 그 음침한 길이 주님이 인도하시는 과정 중에 지나가는 길임을 생각하며 인도하심을 받는 것입니다.

물론 그 길에서 우리는 종종 정신이 흐트러지고 중심을 잃기도 합니다. 하지만 시편 기자가 확신하며 말하는 바를 들으십시오.

"주의 지팡이와 막대기가 나를 안위하시나이다"(시 23:4).

목자들은 양들이 불안해할 때 자기 지팡이를 양에게 갖다 댄다고 합니다. 그 지팡이가 오랜 시간 동안 목자를 경험해 온 양들에게 여전히 자기 곁에 목자가 있음을 상기시켜 주는 것입니다. 그 지팡이가 마치 목자가 긴 팔로 어루만지는 것 같은 느낌을 주는 것입니다. 이로 인해 불안해하던 양들은 안정을 찾습니다. 그래서 목자들은 위험한 골짜기를 지나면서 양들의 걷는 자세나 움직임이 흐트러질 때 양들이 사고를 당하거나 위험에 빠지지 않도록 양들의 옆구리를 지팡이로 툭툭 쳐 자극함으로써 정신을 차리고 길을 가도록 보호해 줍니다.

하나님이 우리에게 그렇게 하시는 것입니다. 우리도 큰일을 당하면 두려움에 빠진 양처럼 정신을 제대로 차리지 못합니다. 판단력이 흐려지고 혼란스러워합니다. 암에 걸리거나 사업이 하루아침에 망하면 황망해 제대로 된 생각을 하지 못합니다. 그때 하나님은 우리 곁에 하나님이 계신다는 사실을 다각적으로 알게 해주십니다. 사망의 그림자가 드리운 현실을 경험하더라도 하나님이 여전히 우리 곁에 계시며 또 인도해 주시는 것입니다.

"내가 사망의 음침한 골짜기로 다닐지라도 해를 두려워하지 않을 것은 주께서 나와 함께하심이라 주의 지팡이와 막대기가 나를 안위하시나이다"(시 23:4).

이것이 주님의 양들인 우리가 믿어야 할 사실입니다. 다윗은 바로 이 사실을 알고 믿었습니다. 우리가 가진 문제와 상황이 우리를 압도할 때도, 심지어 죽음이 다가오더라도 하나님은 이 말씀대로 우리를 인도하십니다. 다윗에게 하셨던 것과 같이, 우리와 함께하시며 우리를 안위하십니다. 이 사실을 믿으십시오. 어떤 상황에 부딪히더라도 너무 쉽게 절망하며 성급하게 판단해 행동하지 말고 끝까지 하나님을 바라보고 인내하십시오.

바울 또한 자신이 처한 현실이 자신을 압도하는 경험을 많이 했습니다. '주님께 늘 순종하며 주님을 따르며 주의 일을 감당했던 그에게 왜 그처럼 어려운 일들이 많았을까?' 하는 의문이 들 정도입니다.

그러나 우리는 이런 길을 지났던 바울의 고백도 다윗과 크게 다르지 않았음을 보게 됩니다. 바울이 남긴 마지막 편지인 디모데후서에서 그는 자신이 그 깊고 어두운 사망의 골짜기들을 어떻게 지날 수 있었는지를 회고합니다. 바울은 감옥에 갇힌 후 재판에서 자신의 무죄를 변호할 때 "내가 처음 변명할 때에 나와 함께한 자가 하나도 없고 다 나를 버렸으나"(딤후 4:16)라고 말했듯이, 어려운 상황에서 그와 함께하며 위로와 힘을 줄 이가 하나도 없었습니다. 하지만 그 뒤를 이어 곧바로 자신이 어떻게 그 힘든 상황을 지날 수 있었는지를 말합니다.

"주께서 내 곁에 서서 나에게 힘을 주심은"(딤후 4:17).

다른 사람들이 다 자신을 버렸을 때 주께서 내 곁에 서서 나에게 힘을 주셨다는 것입니다. 이것이 바울이 음침한 골짜기를 지날 수 있었던 이유입니다. 주님이 곁에 계신다는 사실이 그에게 위로가 되었고, 그 주님이 자신을 보호해 주셨다는 것입니다. 바울은 계속해서 다음과 같이 말합니다.

"내가 사자의 입에서 건짐을 받았느니라 주께서 나를 모든 악한 일에서 건져 내시고 또 그의 천국에 들어가도록 구원하시리니"

(딤후 4:17하-18상).

바울은 자신을 지금까지 보호하며 인도하신 주님이 지금 마지막으로 지나고 있는 이 깊은 사망의 골짜기도 잘 지나게 하실 것을, 그래서 결국 천국에 들어가게 하실 것을 굳게 확신했던 것입니다. 그는 그렇게 자신의 목자 되신 주님을 신뢰했습니다.

바로 그와 동일한 목자의 인도하심을 우리도 받고 있습니다. 오늘 우리가 지나는 이 현실은 사망의 음침한 골짜기같이 때때로 우리가 감당하지 못할 것처럼 여겨집니다. 하지만 그 어둠보다 더 크고 위대한 사실은 하나님이 우리 곁에 목자로 계신다는 것입니다. 그래서 그 골짜기가 아무리 길고 험해도 하나님의 인도하심을 받는 우리는 그 길을 안전하게 지나게 됩니다. 아니, 지날 수 있습니다. 이 땅에서의 삶을 지나 바울이 말한 대로 천국, 곧 영원한 영광으로 나아가게 될 것입니다.

바울은 감옥에 갇혀 있는 중에도 자신을 향한 이러한 하나님의 인도하심이 현재 진행 중임을 굳게 믿었습니다. 그리고 결국 천국에 이르게 하실 것을 확신했습니다. 그렇게 우리의 목자 되신 주님은 우리가 최종적으로 그 영광에 이르기까지, 이 땅의 삶에서 사망의 음침한 골짜기를 지날 때도 우리 곁에서 우리를 안위하시며 보호하십니다.

이 사실을 잊지 마십시오. 주님은 약속하신 대로 우리 곁을 떠나지 않으시고, 우리를 버리지 않으십니다. 현재든 미래든 사망의 골짜기에서도 우리 곁에 계신 우리의 목자로서 우리를 인도하실 것입니다.

내 잔이 넘치나이다

다섯째로, 우리는 하나님의 인도하심 속에서 하나님이 내게 상을 차려 주시고 또 내 잔을 넘치게 하심을 경험합니다(시 23:5). 쉽게 말해, 하나님이 자기 백성인 우리를 풍성하게 하시는 것입니다.

우리는 신앙 여정에서 대적들로 인해 긴장을 늦추지 못하며 자주 시달립니다. 신약성경의 표현대로 말하면, 원수 마귀의 간악한 유혹에 시달리며 힘든 싸움을 하는 것입니다. 그러나 이 시편은 주님이 그 원수의 목전에서 나에게 상을 차려 주신다고 말합니다. 그 상은 주님이 준비하신 만찬상입니다. 주님이 나를 위해 차려 주신 상입니다.

여기에서 다윗은 주님이 위하시는 대상을 1인칭 단수로 말합니다. 그동안 원수들은 나를 마치 사나운 짐승들 가운데 놓인 양처럼 노략질할 대상으로 여겼습니다. 그런데 주님은 그 원수들의 목전에서 바로 나 한 사람을 위한 만찬을 차려 주십니다. '나'라는 인격이 가진 고유한 경험과 관계들을 아시는 주님이 그 가운데 있는 나를 위해 만찬을 베푸신다는 것입니다.

우리의 원수들에게 나는 그저 연약하고 노략질할 만한 대상으로 여겨집니다. 마음만 먹으면 상하게 할 수 있는 자입니다. 하지만 주님은 그들을 결박해 세우시고 그들의 눈앞에서 나에게 상을 베푸십니다. 원수들이 하찮게 여기던 나 한 사람을, 주님이 만찬을 준비해 주실 만큼 특별히 여기신다는 것을 그들의 눈앞에 나타내 보이시는 것입니다. 우리는 이 세상에서도 이런 경험을 할 수 있지만, 무엇보다 마지막 하나님의 심판대 앞에 설 때 더욱 명확히 경험하게 될 것입니다.

하나님의 인도하심 가운데 베풀어진 이 잔치로 인해 우리는 "내 잔이 넘치나이다"라고 고백할 수 있게 됩니다. 우리의 목자 되신 주님은 우리를 그와 같은 자리로 인도하십니다. 지금은 우리를 미혹하고 대적하는 원수들에게 둘러싸여 있지만, 결국 주님은 그들의 눈앞에서 우리를 위한 상을 차리실 것입니다. 그로써 우리의 목자는 자신에게 나라는 존재가 어떤 존재인지를 증명하실 것입니다.

이것이 "내 잔이 넘치나이다"라는 말로 고백되는 그분의 양들의 만족과 기쁨입니다. 하나님은 우리를 인도하시는 가운데 이처럼 우리를 만족하게 하는 일을 행해 주시는 것입니다.

은혜로운 추격

마지막으로, 하나님의 인도하심 가운데서 우리 각 사람이 경험하게 되는 것은 하나님이 우리를 끝까지 보존하신다는 것입니다. 6절에서 "내 평생에 선하심과 인자하심이 반드시 나를 따르리니"라고 말한 그 고백입니다.

잠시 멈춰 서서 이 말씀이 말하는 실제 내용을 가만히 묵상해 보십시오. 이는 아주 복되고 놀라운 사실에 대한 말씀입니다. 여기 '따르다'라는 단어는 '뒤쫓다', '추격하다'라는 의미인데, 구약에서 대적자를 바짝 따라잡는 것을 가리키는 군사 용어로 자주 사용된 말입니다. 주님의 선하심이 우리를 그와 같이 따른다는 것입니다.

양들은 종종 먹을 풀에 정신이 팔려 목자를 따르지 않고 딴 길로 나아갑니다. 주님의 양들인 우리도 현실에 한눈팔려 그와 같은 모습을 보일 때가 있습니다. 사업이 잘되거나 좀 편안해지면 이전 같지 않은 모습을 보입니다.

그러나 목자는 그런 양들을 방치하지 않습니다. 목자는 양들을 가까이 두고 살피며, 혹 양 무리에서 떨어져 잃어버린 양이 있으면 추격해서 이끌어 옵니다. 자신이 돌보는 양의 숫자를 항상 셈해 없는 양을 반드시 추격해 찾아 다시 이끌어 오는 것입니다. 양들의 주인은 100마리 중 1마리만 사라져도 그 잃은 양을 찾을 때까지 추격해 데려옵니다(눅 15:4). 특히 우리의 선한 목자이신 주님은 생명까지 바쳐 자기 양을 찾으십니다(요 10:11).

얼마나 놀라운 이야기입니까? 우리는 이처럼 목자 되신 주님의 선하심에 이끌려 여호와의 집에 들어가게 됩니다. 좀 더 강한 표현으로 말하면, 그 선하심과 인자하심에 쫓겨 여호와의 집에 들어가게 되는 것입니다.

이처럼 주님은 우리가 영원한 영광의 집에 들어갈 때까지 선하심과 인자하심으로 계속 우리를 추격하십니다. 저주와 심판으로 추격하지 않으시고, 선하심과 인자하심으로 추격하십니다. 설령 우리를 잠시

징계하시는 일이 있더라도 그것 역시 선하심과 인자하심으로 추격하시는 행동입니다.

이 은혜로운 추격은 슬픔과 고통, 절망과 아픔이 있는 우리의 현실 속에서 하나님의 선하심과 인자하심을 경험하게 함으로써 목자 되신 주님보다 더 나은 것은 없다는 사실을 깨닫게 합니다. 그리고 그런 깨달음을 가지고 기꺼이 주님을 따르도록 합니다. 주님은 우리를 추격해서 억지로 끌고 가시는 것이 아닙니다. 우리 스스로는 이를 수 없는 그 목적지까지 주님은 선하심과 인자하심으로, 그야말로 은혜로운 추격으로 말미암아 안전하게 가게 하십니다. 그 영원한 집에 들어가기까지 안전하게 보존되게 하시는 것입니다.

그러므로 우리는 미래를 확신할 수 있습니다. 목자 되신 주님이 선하심과 인자하심으로 추격하시기에, 그것도 평생 주님이 그리하실 것이기 때문에 우리는 미래에 대해 안심할 수 있습니다. 우리에게는 항상 하나님의 선하심과 인자하심이 뒤따를 것이라는 사실을 잊지 마십시오. 좋을 때도, 힘들고 슬플 때도, 고통스럽고 앞이 안 보여 막막할 때도 그러할 것입니다. 주님이 그렇게 하시는 목적은 단순히 우리를 현실의 어려움에서 건져 내시기 위함이 아니라, 그 순간들을 지나서 결국 영원한 본향으로 인도하시려는 것입니다.

현재 우리가 처한 상황과 경험하는 문제들이 전부가 아닙니다. 그보다 크신 하나님의 인도하심이 있습니다. 그 인도하심을 신뢰하십시오. 하나님은 앞선 믿음의 선배들을 인도하셨듯이, 그리고 우리를 지금까지 인도해 이 자리까지 이끄셨듯이 우리의 미래에도 그리하실 것입니다. 이 사실을 알았던 J. H. 뉴먼(J. H. Newman)이라는 사람은 자신의 인생을 회고하면서 자신을 향한 하나님의 인도하심을 이렇게 노래했습니다.

"내 갈 길 멀고 밤은 깊은데 빛 되신 주
저 본향 집을 향해 가는 길 비추소서
내 가는 길 다 알지 못하나
한 걸음씩 늘 인도하소서
이전에 방탕하게 지낼 때 교만하여
맘대로 고집하던 이 죄인 사하소서
내 지은 죄 다 기억 마시고
주 뜻대로 늘 주장하소서
이전에 나를 인도하신 주 장래에도
내 앞에 험산준령 만날 때 도우소서
밤 지나고 저 밝은 아침에
기쁨으로 내 주를 만나리"(새찬송가 379장).

스코틀랜드의 탁월한 목회자였던 토마스 보스턴(Thomas Boston)의

무덤 옆에 있는 한 성도의 묘비에는 뉴먼의 이 찬송시가 1절부터 3절까지 쓰여 있다고 합니다. 방문자들은 토마스 보스턴의 묘지만 보고 지나가지만, 우리에게는 그 이름 없는 성도가 자기 묘비에 새겨 고백한 하나님의 인도하심에 대한 믿음도 그에 못지않게 귀합니다. 그 묘비에 새겨진 아름다운 믿음이 우리의 마음에도 새겨져 우리의 것이 될 수 있기를 원합니다. 이러한 믿음을 가지고 우리의 모든 신앙의 여정에서 다음과 같이 말합시다.

"'이 하나님은 영원히 우리 하나님이시니 그가 우리를 죽을 때까지 인도하시리로다'(시 48:14). 아멘!"

주

01 | 최고의 복 _ 목자 되신 하나님
1) 제임스 패커, 캐롤린 나이스트롬, 『제임스 패커의 하나님의 인도』(생명의말씀사, 2008), pp. 9-11.
2) 제럴드 L. 싯처, 『하나님의 뜻』(성서유니온선교회, 2003), pp. 17-22.

02 | 혼동 _ 나의 생각인가? 하나님의 뜻인가?
1) 피터 마스터스, 『하나님의 인도하심』(부흥과개혁사, 2005), pp. 156-163.
2) 피터 블룸필드, 『성경이 말하는 하나님의 인도』(성서유니온선교회, 2009), pp. 78-80.
3) 같은 책, pp. 56-58.

03 | 깊은 뜻 _ 알아낼 것인가? 신뢰할 것인가?
1) R. C. 스프로울, 『하나님의 뜻과 그리스도인의 생활』(목회자료사, 2008), p. 39.
2) 제럴드 L. 싯처, 앞의 책, pp. 197-198.
3) 같은 책, pp. 188-196.
4) 같은 책, pp. 207-209.

04 | 캄캄한 밤 _ 선하신 하나님을 기다리라
1) D. Martyn Lloyd-Jones, *Romans: An Exposition of chapter 3.20-4.25 Atonement and Justification* (Edinburgh: THE BANNER OF TRUTH TRUST, 1985), p. 19.

05 | 신비 _ 고통 중에도 함께하시는 인도자
1) 제임스 패커, 캐롤린 나이스트롬, 앞의 책, pp. 65-67.

그러나 잊지 마십시오.
우리가 이해하기 힘들고 감당하기 어려운 현재 상황은
우리 목자 되신 하나님의 인도하심 안에 있습니다.
우리의 모든 상황 속에서
하나님의 인도하심은 현재진행형입니다.
혹 지금 우리의 삶이 비극의 연속처럼 보여도
결코 그것이 우리의 끝은 아닙니다.
하나님은 우리의 목자로서
여전히 우리를 인도하고 계십니다.
하나님이 끝이라 하실 때까지
우리는 결코 끝이라 해서는 안 됩니다.
끝은 오직 주권자이신 하나님이 내리시는 것입니다.

사명선언문

너희가 흠이 없고 순전하여……세상에서 그들 가운데 빛들로
나타내며 생명의 말씀을 밝혀 _ 빌 2:15-16

1. 생명을 담겠습니다
만드는 책에 주님 주신 생명을 담겠습니다.
그 책으로 복음을 선포하겠습니다.

2. 말씀을 밝히겠습니다
생명의 근본은 말씀입니다.
말씀을 밝혀 성도와 교회의 성장을 돕겠습니다.

3. 빛이 되겠습니다
시대와 영혼의 어두움을 밝혀 주님 앞으로 이끄는
빛이 되는 책을 만들겠습니다.

4. 순전히 행하겠습니다
책을 만들고 전하는 일과 경영하는 일에 부끄러움이 없는
정직함으로 행하겠습니다.

5. 끝까지 전파하겠습니다
모든 사람에게, 땅 끝까지, 주님 오시는 그날까지
복음을 전하는 사명을 다하겠습니다.

서점 안내

광화문점	서울시 종로구 새문안로 69 구세군회관 1층 02)737-2288 / 02)737-4623(F)
강남점	서울시 서초구 신반포로 177 반포쇼핑타운 3동 2층 02)595-1211 / 02)595-3549(F)
구로점	서울시 동작구 시흥대로 602, 3층 302호 02)858-8744 / 02)838-0653(F)
노원점	서울시 노원구 동일로 1366 삼봉빌딩 지하 1층 02)938-7979 / 02)3391-6169(F)
일산점	경기도 고양시 일산서구 중앙로 1391 레이크타운 지하 1층 031)916-8787 / 031)916-8788(F)
의정부점	경기도 의정부시 청사로47번길 12 성산타워 3층 031)845-0600 / 031)852-6930(F)
인터넷서점	www.lifebook.co.kr